UN COIN DE LA CURIOSITÉ

LES ANCIENS

INSTRUMENTS DE MUSIQUE

PARIS. — IMPRIMERIE DE L'ART
E. MOREAU ET Cie, 41, RUE DE LA VICTOIRE

UN COIN DE LA CURIOSITÉ

LES ANCIENS
INSTRUMENTS DE MUSIQUE

PAR

EUGÈNE DE BRICQUEVILLE

PARIS
LIBRAIRIE DE L'ART
8, BOULEVARD DES CAPUCINES, 8

ÉPINETTE ITALIENNE. — (Collection de Bricqueville.)

LE
SONGE D'UN COLLECTIONNEUR

(DIALOGUE DE MORTS)

Un de mes bons amis, je puis dire le plus intime, appelons-le *Chelyphile,* si vous voulez, — s'est voué à la recherche et à la conservation des vieux instruments de musique. Il aspire au titre de saint Vincent de Paul des luths, clavecins, violes, guitares, flûtes et hautbois démodés, et sa maison est l'Hôtel des Invalides des produits de la lutherie.

Or, l'été dernier, mon ami venait d'installer à la place d'honneur de son Musée une épinette, de celles que les Italiens nommaient *da sarenata*. La poursuite avait été difficile, l'accommodement laborieux. De plus, il faisait une chaleur étouffante, si bien qu'après avoir placé en bon jour son acquisition et l'avoir longuement admirée, Chelyphile s'endormit.

Alors, tout ce vieux petit monde en bois, en ivoire, en cuivre, en écaille se mit à bavarder, à jacasser, avec des voix éteintes et voilées. Ce fut, d'abord, une exclamation générale comme celle qui salue un écolier faisant sa première apparition le matin de la rentrée des classes : « Un nouveau ! il y a un nouveau ! » Aussitôt, un grand clavecin, personnage important par son volume, s'adressant au « nouveau » :

— Pardon ! à qui avons-nous le plaisir de parler ?

L'ÉPINETTE.

Ze souis oune petite spinetta en bois de cyprès, faite à Venise dans les dernières années du XVIe siècle. Ze languissais dans une boutique assez sordida, parmi des bibelots hétéroclites, quand un amateur m'a distinguée et emportée dans cette galerie.

LE CLAVECIN.

A merveille, signorina, soyez la bienvenue. Je suis, moi, un clavecin à deux claviers, contemporain du roy Louis XVI. Mon collègue que vous voyez là-bas, tout orné de peintures, est beaucoup plus âgé; il remonte au commencement du règne de Louis XIV.

L'ÉPINETTE.

Vous avez peut-être, Eccellenza, appartenu à la reine Marie-Antoinette?

UN GROS TAMBOUR.

Ah non! vous savez, pas de blagues, sacrebleu!

UN SERPENT.

Ces militaires sont toujours mal embouchés!

LE TAMBOUR.

Parlons-en, de votre embouchure, vous n'avez jamais pu réussir à faire six notes justes. C'est que, voyez-vous, j'ai battu en tête de Messieurs de la Maison du Roy. Jetez un coup d'œil sur les flammes rouges et blanches peintes sur mon fût. Ce sont les couleurs du régiment des Suisses, maugrebieu!

DEUX TIMBALES.

N'insultez pas l'armée. Nous en sommes aussi, tonnerre! Un cheval rouan magnifique nous portait, à vingt pas du premier escadron, et un nègre empanaché frappait sur nos peaux à tour de bras.

UNE TROMPETTE.

J'ai sonné la charge à Fontenoy. Et vous, vertueux serpent, je suis sûre que vous avez figuré dans la chapelle de Charles X.

UN TROMBONE-BUCCIN (1830).

Hommes noirs, d'où sortez-vous?

UNE MANDORE.

Oh ! de grâce, ne parlons pas politique ici.
(Un basson à 6 clés, contemporain de la Révolution, se met à jouer les premières mesures de la Marseillaise.)

TOUS.

Assez ! assez !
(Deux harpes causent entre elles discrètement.)

PREMIÈRE HARPE.

Avez-vous remarqué, ma chère, que depuis qu'on a introduit chez nous certains instruments à vent, nos conversations n'ont plus le cachet de bonne compagnie qui les distinguait autrefois ? Ce basson est du dernier commun.

DEUXIÈME HARPE.

C'est vrai ; nous nous encanaillons un peu. Pouvez-vous la voir, cette petite épinette ? Moi, je suis trop loin... Comment la trouvez-vous, ma chère ?

PREMIÈRE HARPE.

Peuh... Avez-vous connu M. de Voltaire ?

DEUXIÈME HARPE.

Non, j'ai passé ma vie au fond d'un château, en province.

PREMIÈRE HARPE.

Eh bien, M. de Voltaire appelait les produits artistiques de cette époque du *gothique,* par mépris.

UNE BASSE DE VIOLE.

Je vous assure qu'avec mes sept cordes bien tendues et habilement touchées par l'archet, je faisais un effet superbe.

UNE GUITARE.

Et moi, croyez-vous que je ne pouvais pas lutter avec avantage sous le rapport de l'élégance ? Admirez ma rose découpée comme la plus merveilleuse dentelle et ces fines incrustations d'ivoire sur fond d'ébène.

UN CISTRE.

Évidemment, nous valons beaucoup mieux que les instruments à clavier.

UNE VIOLE D'AMOUR.

Ah ! parlez-moi du grand siècle, du siècle de la lutherie par excellence.

UNE POCHETTE.

Le XVIIIe.

UNE VIRGINALE.

Non ! le XVIIe.

UN LUTH.

Point du tout, c'est le XVIe qu'il faut louer.

UN CORNET A BOUQUIN.

Moi, je m'en moque. Au début du XVIIIe siècle, époque où l'on m'a sottement abandonné, j'avais exactement la forme, le diapason et l'étendue qu'on me donnait au XIVe. En me considérant dans mon épais fourreau de cuir noir, personne ne saurait dire si je date de 1700 ou de 1350.

UN CLAVICORDE.

Je suis dans le même cas que vous et ma facture n'a guère varié pendant trois siècles.

UNE MANDOLINE.

Ce n'est pas comme le buccin. Celui-là reflète bien le goût de l'époque qui l'inspira. On s'aperçoit de suite qu'il n'a pu appartenir qu'à une musique de la garde nationale, sous Louis-Philippe.

LE BUCCIN.

Il y en a, heureusement, de plus disgracieux que moi : regardez l'ophicléide Forveille et le cor de basset.

UNE LYRE.

Mesdames, Messieurs, la discussion s'égare. Nous sommes ici pour faire valoir nos avantages et non pour signaler nos défauts.

UNE VIELLE.

Bien dit ! D'autant plus que nous avons eu, tous, notre heure de célébrité. Moi qui vous parle, j'ai été arrachée, il y a peu de temps, aux mains d'un petit savoyard qui me martyrisait ; et pourtant, dans ma jeunesse, je fus jouée par une grande dame qui imitait la reine Marie Leczinska, cette vielleuse renommée. Rien qu'à voir ma jolie tête sculptée et mes ornements de nacre, on devine que je n'ai pas été faite pour un virtuose du pavé.

UN TAMBOURIN DE PROVENCE.

Supposez-vous que c'est un ménétrier du Luberon qui tambourinait sur ma caisse couverte de si délicates sculptures ?

UNE MUSETTE.

Et moi, avec mes chalumeaux et mon bourdon d'ivoire, mes clés d'argent, ma robe de velours bordée de point d'Espagne et mon charmant petit soufflet, croyez-vous que j'ai appartenu à un rustre ? Bon pour la cornemuse cela.

UNE CORNEMUSE.

Allons, allons, péronnelle, regardez les incrustations d'étain qui me décorent et dites si mes qualités de construction ne valent pas votre luxe d'habillement ; nous sommes, ne l'oubliez pas, de la même famille.

DEUXIÈME MUSETTE *(à part)*.

Oui ! Mais il y a les parents pauvres.

UN HUCHET.

Ces contemporains de Mme de Pompadour vous ont un petit air insolent !... Et cela compte à peine un siècle et demi d'existence !

UN HAUTBOIS ALLEMAND.

Ia wohl. Il est certain que la goguetterie, pour les instruments, va au rebours de celle des tames et que nous nous faisons une gloire de vieillir. Che suis fier de n'avoir que deux clés.

UNE BASSE DE FLUTE.

Et moi, une seule.

UNE FLUTE A BEC.

Et moi pas du tout.

UN THÉORBE.

Nous autres, instruments à cordes, nous nous rattrapons sur le nombre des chevilles. J'en ai vingt-quatre pour mon compte.

UNE PANDORE LUTHÉE.

Moi j'en ai dix-huit.

UNE TROMPETTE MARINE.

Je n'en possède qu'une, il est vrai, mais elle est tendue sur un corps de six pieds de haut, et elle fait du bruit pour quarante.

UNE TROMPETTE ALLEMANDE.

Oh! si je ne craignais d'être indiscrète..... D'où vous vient donc ce nom de trompette marine? Trompette je le comprends encore. Grâce à la manière dont l'archet vous attaque, à la position du doigt qui vous effleure, et à l'agencement du chevalet qui, par un de ses pieds, tremblotte sur la table, vous imitez assez bien, je l'avoue, le son qui m'est particulier. Mais marine, pourquoi marine?

LA TROMPETTE MARINE.

A vous parler franchement, je ne l'ai jamais su moi-même. Ma construction d'instrument à corde n'a rien qui rappelle un accessoire du dieu Neptune, et cette dénomination bizarre m'a valu plus d'un mécompte. Les plaisanteries de Molière aidant, j'ai failli passer pour un instrument grotesque.

UN GALOUBET. *(A part.)*

« J'ai failli » — a-t-elle dit! Celle-là au moins a réussi à garder ses illusions.

UN ORGUE DE RÉGALE.

Que Dieu se montre seulement
Et l'on verra soudainement
Abandonner la place.....

UNE FLUTE DE PAN.

Que chante-t-il donc?

UN TAMBOURIN DE GASCOGNE.

Notre collectionneur l'a déniché chez un ministre protestant qui le faisait servir au service religieux. Il a été fait à Toulouse. Nous sommes un peu compatriotes : je suis né à Montauban.

UN FLAGEOLET ANGLAIS. *(A part.)*

Ces méridionaux sont envahissants !

UN THÉORBE DU XVIIe SIÈCLE.

Quelle singulière destinée est la nôtre ! et le curieux volume qu'on écrirait en réunissant nos confidences. D'abord, l'existence brillante, aux mains des belles dames et des gens de qualité, les succès aux ballets du Roy, à la chapelle et aux concerts de la Cour. Ensuite l'oubli injustifié, un caprice subit de la mode nous reléguant dans les greniers, aux prises avec les vers, sous un linceul de poussière. Puis les hasards de la « vente après décès » les longs séjours dans d'ignobles boutiques, avec les défroques du bric-à-brac ; les tables grasses de l'hôtel Drouot, les mains sales des commissionnaires s'appuyant à l'endroit où s'étaient posés tant de jolis doigts ; plus de cordes, plus de chevilles ni de chevalets, des fêlures partout, et des taches de moisissure. Enfin, un beau jour, le réveil, les réparations intelligentes, le culte passionné d'un collectionneur, et l'admiration de tous les amis des belles choses.

UN CLAVECIN.

Je n'ai pas connu les horreurs dont vous parlez, mon cher Théorbe ; pendant deux siècles, j'ai figuré honorablement dans le grand salon d'un château célèbre en Provence et n'ai fait qu'un saut de cette résidence à la place où vous me voyez aujourd'hui.

UN TAMBOURIN.

Vous avez de la chance ! j'ai figuré, moi, dans une antichambre, et par ma peau trouée, les croquants faisaient entrer leurs cannes et leurs parapluies.

UNE BASSE DE FLUTE A BEC.

Je porte fièrement la marque de Denner, l'inventeur de la clarinette ; ce qui n'empêche que, pendant de longues années, j'accompagnai, dans un village, le cortège du Mardi-gras.

UNE CORNEMUSE-BOMBARDE.

Je n'ai pas été trop malheureuse. Voilà plus d'un siècle que j'appartenais à une honnête famille de ménétriers qui, de père en fils, avaient grand soin de moi. Le dernier a fait des études au Conservatoire, en suite de quoi il m'a vendue pour acheter un cornet à pistons.

UN ORGUE DE RÉGALE.

Moi j'ai servi à payer un harmonium Alexandre. *(Rire général.)*

UN CISTRE.

Et maintenant nous en avons fini avec les aventures, les métiers louches, indignes de nous. Bien soignés, bien entretenus, soigneusement épousetés, placés dans un jour discret qui dissimule nos rides, nous avons enfin trouvé le calme définitif.

UNE MUSETTE.

On nous considère, ainsi que des bibelots de prix. On nous fête, on nous admire comme les reliques d'une époque dont nous attestons la grâce et la splendeur artistiques.

UN CLAVECIN.

On m'a mis des cordes neuves, mes sauterelles ont été regarnis de plumes et de cuirs, et je chante encore la musique des maîtres qui charmèrent mon enfance, M. Couperin, M. de Chambonnières, et le plus illustre de tous, M. Rameau.

UNE HAUTE-CONTRE DE HAUTBOIS.

Je possède une anche parfaite, et suis prête à leur montrer, à ces instruments de pacotille chargés de tringles, de clés et d'anneaux, ce que valent les qualités de timbre qui distinguaient mes pareils.

UNE BASSE DE VIOLE.

Mes sept cordes m'ont enfin été rendues. Vienne un nouveau Marais, et l'on saura si le violon et le violoncelle remplacent, comme le croient les ignorants, la famille complète dont j'étais le plus bel ornement.

UN CLAVICORDE.

Mes crampons de cuivre sont à leur place, de fines cordes passent à travers les étouffoirs, mon clavier est bien réglé. Jamais je ne me suis senti aussi jeune.

UNE VIRGINALE.

Décidément, l'arrivée de cette petite épinette nous a tous mis en joie. Me voici prête à jouer une pièce de Frescobaldi.

UN TYMPANON.

Il me semble que les fleurs semées sur ma table reprennent les vives couleurs que leur donna l'aquarelliste auquel le facteur m'avait confié.

UN TAMBOUR.

J'ai des peaux intactes, des tirants de buffles solides, il me semble que je vais battre la charge contre les Anglais.

LES POCHETTES.

Ah! le joli menuet que nous pourrions encore conduire.

LE SERPENT.

J'étais laid, j'étais faux, assure-t-on. Mais, au moins, je ne pouvais donner qu'une note à la fois ; tandis que leur harmonium d'église, aussi laid, aussi faux que moi, hurle constamment des accords de huit notes!

UN ARCHILUTH.

Allons! convenons que les musiciens ont eu une bien sotte idée de nous abandonner. Et qui nous détrône, nous autres, instruments propres à l'accompagnement des voix, clavecins, épinettes et virginales, clavicordes, harpes, luths, théorbes, guitares, violes, archiluths, qui nous détrône ? Le piano !

Regardez donc là, dans le salon voisin, cette sorte de commode en palissandre verni, aux formes lourdes et massives; écoutez ces câbles de laiton tressé vibrant sous la percussion de cent marteaux de chaudronniers. Voilà notre vainqueur.

Est-il assez horrible? Est-il assez bourgeois?

TOUS.

Oh! oui, à bas, à bas le piano!
(Cris divers, rires, tumulte, huées...)

Tout à coup on entend un bruit strident; deux cordes de clavecin viennnent de se rompre.

Et Chelyphile se réveille en sursaut.

LES COLLECTIONS

D'INSTRUMENTS DE MUSIQUE

AUX XVIe, XVIIIe ET XVIIe SIÈCLES

CORNEMUSE.
(XVIIIe siècle.)
(Collection de Bricqueville.)

Un vieil auteur italien, Saba da Castiglione, écrivant ses *Ricordi* vers l'an 1545, signale comme une nouveauté l'usage « de décorer l'intérieur des palais avec des orgues, clavessins, monocordes, psalterions, doucines, baldoses et autres semblables ; et aussi des luths, violes, lyres, flûtes, cornets, trompettes, cornemuses, dianoris et trombones. » Et il ajoute : « Les instruments de musique charment les oreilles et recréent les esprits ; davantage ils plaisent aux yeux quand ils sont travaillés par la main de maîtres excellents. » Voici donc, dès le XVIe siècle, deux catégories de collectionneurs bien définies. Dans la première, se rangent les musiciens qui demandent seulement aux violes, aux clavecins, aux cornets, aux flûtes, aux orgues, les moyens d'exprimer leurs idées musicales ; dans l'autre camp, nous trouvons les curieux d'objets « travaillés — comme dit Saba — par la main de maîtres excellents » et pour qui toute valeur réside dans la perfection des formes et dans l'effet décoratif. A vrai dire, ces deux catégories, à l'époque où parurent les *Ricordi*, n'étaient pas aussi étroitement délimitées qu'elles le sont aujourd'hui. Les produits de la lutherie s'adressaient à un nombre restreint d'amateurs ; beaucoup même étaient faits sur commande, et il était rare que, parmi les pièces reconnues des maîtres, il s'en glissât de médiocres dues à des ouvriers de hasard. Ce n'est que plus tard, quand l'industrie se fit une place en dehors et au détriment de l'art, que les instruments de musique prirent place, les uns dans l'orchestre pour l'exécution courante des partitions, et les autres dans les cabinets de curiosité pour la satisfaction et l'émerveillement des yeux.

On ne se figure pas à quel degré de richesse est parvenue l'ornementation des instruments aux XVIe, XVIIe et XVIIIe siècles. Les bois rares, l'ébène, le cèdre, le cyprès, le citronnier sont assemblés et sculptés par d'habiles ouvriers ; les arrangements les plus compliqués de la marqueterie couvrent les éclisses des épinettes et des clavecins, les fonds des violes, des théorbes, des luths et des guitares; les orfèvres enrichissent les flûtes et les hautbois de viroles, d'anneaux, de clés en vermeil ou en argent ciselé. Les gainiers font servir leurs fers les plus fins à dessiner des arabesques autour des cornets et des serpents; les tabletiers découpent la nacre, l'ivoire, l'écaille et en font d'ingénieuses incrustations; il n'est pas jusqu'aux chaudronniers qui n'exécutent des ciselures sur les cors, les trompettes, les trombones, les timbales dont ils ont le monopole de la fabrication. Peut-on rêver rien de plus somptueux que cette épinette d'Annibale de Rossi découverte par Clapisson et que garnissent près de deux mille turquoises, lapis, améthystes, topazes, cornalines, émeraudes, saphirs, rubis, agates, etc...[1]. On pose des diamants sur les clés de mandolines et sur les boutons de harpes. L'inventaire de Laurent le Magnifique, dressé en 1492, mentionne un petit clavecin incrusté de perles et de rubis. Un facteur français, Naderman, annonce à la date du 3 mai 1769 qu'il fabrique des harpes dont le corps est d'argent et « embellies, ajoute-t-il, par les ornements les plus recherchés et du meilleur goût. On peut voir de ces harpes au domicile de l'inventeur, rue de Charenton, au-dessus de l'hôtel des mousquetaires noirs. » Après cela, peut-on mettre en doute l'assertion de Furetières qu'il s'est trouvé, à Paris, un luth tout en or, du prix de 32,000 écus?

Et cependant, que vaut cette richesse toute d'application, en regard de l'orphéoréon du baron Davillier, dont le corps, de simple bois de noyer, reproduit en sculpture le Parnasse de Luca Penni; ou la Pandurina du Kensington, étalant sur sa coquille Junon, Diane et Vénus dans un médaillon encadré de feuillages; ou la viole de Duiffoprugcar dont le fond représente, admirablement marqueté, le Moïse de Michel-Ange? Ouvrez le recueil des inventaires du XVIIIe siècle, vous n'y voyez que clavecins peints par Oudry, Watteau, Coypel, Van der Meulen, Audran, etc... D'autres dont la caisse est en laque de Chine avec les pieds façonnés par Boule le père, ou en vernis Martin relevé de bronzes dorés à l'or moulu. Voici encore des vielles recouvertes de trophées de nacre de perles, des violes et des lyres à manches sculptés, des tympanons aux tables décorées de gouaches; et je ne parle pas de ces étonnants violons de faïence comme ont le bonheur d'en posséder deux ou trois amateurs. Mais le dernier mot de la recherche nous est fourni par une annonce du 2 janvier 1769, indiquant une musette qui possède trois fourreaux de velours de couleurs différentes avec les ornements assortis. Rien de curieux, d'ailleurs, comme l'énumération des sacs de musettes, de 1750 à 1770, époque de la grande vogue de l'instrument. Il y en a de velours jonquille à réseau d'argent, de velours noisette ciselé, ponceau, vert, violet, cramoisi, bordé du plus joli point d'Espagne, de dentelle perlée, de ruches et de galons. D'autres en soie, à cocardes et glands d'or fin, d'autres en damas, en gros de Naples, etc... On croit voir s'étaler la garde-robe d'une petite princesse de contes de fées. Tant il est vrai que tous les corps de métiers ont rivalisé de zèle, d'invention, d'habileté, pour faire de l'instrument de musique comme le spécimen le plus brillant, le plus accompli de l'œuvre d'art.

Est-il surprenant que les curieux de tous les temps aient recherché ces bibelots insignes, alors même qu'ils pouvaient être indifférents à la destination primitive et nécessaire de l'appareil sonore?

La première collection de ce genre est celle de Jacques Duchié, ce Parisien du XVe siècle, si souvent cité, à la suite de Guillebert de Metz[2]. « Il possédait, affirme la chronique, une salle remplie de toutes manières d'instruments, harpes, orgues, vielles, guiternes, psaltérions et autres. » Sachant, d'autre part, quel goût précieux avait présidé aux acquisitions de maître Duchié, nous devons penser que ses instruments étaient dignes

---

1. Aujourd'hui au *Kensington-Museum*. (Cat. n° 219.)
2. *Tableau de Paris au* XVe *siècle.*

de figurer à côté des autres mirifiques objets garnissant le fameux hôtel de la rue des Prouvelles.

Passons les monts. Nous irons jusqu'à Ferrare admirer le Musée d'instruments d'Alphonse II d'Este, ce duc magnifique dont le règne de 1557 à 1589 fut une série non interrompue de prodigalités folles et d'encouragements donnés à tous les arts sans exception. Il convient, ici, de laisser la parole à un contemporain, Ercole Bottrigari, dont le dialogue intitulé *Il Desiderio* fut imprimé à Venise en 1594[1]. C'est à cet

CLAVECIN FRANÇAIS (XVIIe SIÈCLE).
(Collection de Bricqueville.)

ouvrage intéressant à plus d'un titre que nous empruntons la citation suivante : « Ha l'Altezza due gran camere onorate, dette le camere de musici, perciocchè in quelle si riducono ad ogni lor voluntate i musici servitori di Sua Altezza, quali sono..... di summa eccelenza nel sonare, questi cornetti, quegli tromboni, dolzaine, piffarotti, questi altri viuole, ribecchini, quegli altri liuti, citare, arpe e clavicembali. E quali istrumenti sono con grandissimo ordine in quelle distinti e appresso *molti altri diversi strumenti tali usati e non usati.* »

Vous avez bien lu : *usati e non usati*... Il est clair qu'Alphonse II ne possède pas

1. La première édition parut sous le nom de ALLEMANO BENELLI.

seulement des instruments destinés au concert ou à la chapelle, instruments d'usage courant, mais qu'il a encore des *antiquailles*, des objets démodés, mais remarquables à certain point de vue, des curiosités en un mot. A telles enseignes qu'on voit figurer dans sa galerie ce fameux clavecin panharmonique de Nicolai Vicentini armé de six claviers, dont le père Kircher fait une savante description à la page 459 de sa *Musurgia universalis*. Le quatrième duc de Ferrare est, par conséquent, en plein xvie siècle, le collectionneur tel qu'on le comprend de nos jours. Ajoutons qu'il entretient à sa cour des facteurs chargés de fabriquer des pièces nouvelles et d'effectuer les réparations nécessaires, sous les ordres du conservateur en chef, le seigneur Ippolito Fiorini. Parmi les *chineurs*, il s'en trouve d'augustes; tel monseigneur Masetti, fixé à Rome, qui, le 4 janvier 1581, envoie un luth d'excellent facteur, regardé, dit-il, par les meilleurs virtuoses de la *città* comme ayant toutes les perfections. Le 11 février suivant, il annonce un objet de toute rareté, une harpe double, extraordinaire, et en même temps il promet un nouvel envoi de luths signés de Pietro Alberto, maître renommé[1]. De cette splendide collection nous avons pu voir, à Bruxelles, un fragment du plus haut intérêt : c'est une boîte renfermant un jeu complet de six cromornes ou tournebouts. Un pareil objet n'a pas de prix. Ce qui n'empêche que notre administration des Beaux-Arts, à qui il fut offert, en 1879, pour deux ou trois mille francs, le laissa maladroitement échapper.

Contemporain d'Alphonse II, l'archiduc Ferdinand du Tyrol, fils de l'empereur Ferdinand Ier d'Autriche et neveu de Charles Quint, avait, lui aussi, formé un cabinet de toute beauté si on en juge par la partie qui est déposée au Belvédère à Vienne, sous la dénomination de *Ambraser sammlung*. Elle comprend des instruments à vent : sourdines, rackets, courtaud, cervelas, etc..... absolument uniques en leur genre. L'habile facteur belge, M. V. Mahillon, en a fait de très belles copies pour le Musée du Conservatoire de Bruxelles dont il a la conservation.

Toujours en Italie nous rencontrons la collection de Pierre de Médicis. Parmi tant de chefs-d'œuvre révélés par les travaux récents de M. Müntz, se trouve un lot d'instruments peu important comme nombre, mais de première qualité. Plusieurs des pièces qui y figurent sont d'origine flamande, entre autres une harpe double et un luth placés à côté des mêmes types indigènes *(nostrale)*.

Nous touchons au xviie siècle, la plus brillante période de l'histoire des collections instrumentales. Il nous faut signaler, entre les remarquables, celles de Manfred Septala, noble patricien milanais, dont Paul Marie Terzago s'est constitué l'historiographe. Son catalogue, dressé en 1664, est conservé au *liceo musicale* de Bologne. Nous ne résistons pas au plaisir d'en donner le titre essentiel : « *Musœum Septalianum, Manfredi Septalæ patritii mediolanensis industrioso labore constructum; Pauli Mariæ Terzagi mediolanensis physici collegiati geniali laconismo descriptum.* » Ce laconisme n'est que pour la montre, car le catalogue fournit volontiers, pour chaque article, des détails minutieux. Tout d'abord, mention est faite de cinq sourdelines (sortes de musettes à sac et à soufflet, dont on peut lire la description détaillée dans *l'Harmonie universelle* du père Mersenne). Une de ces sourdines a tous ses tuyaux d'ivoire, et garnis de 42 clés en vermeil. Puis deux charamelles magnifiques (aussi des cornemuses), plusieurs flûtes doubles, flûtes de Pan autrefois usitées en France, un lot de 50 flûtes environ, dont plusieurs basses, et signées par le fameux facteur anglais Graffus. Ensuite 10 cornemuses de Pietraceuus, dites rivales, dit le texte latin, un serpent harmonieux, un cornet d'ivoire, deux oliphants, quantité de flûtes suisses, faites d'un bois très léger et odorant, et montées en des tons différents : il y a jusqu'à des contrebasses! plusieurs trompettes marines, des tympanons avec leurs baguettes d'ébène, un luth en ivoire, un luth double (théorbe), des harpes, des basses de viole, violes bâtardes de fabrication

[1]. Angelo Solerti, *Ferrara e la corte estense*, 1891.

anglaise, deux archivioles, des lyres ornées d'inscriptions, des clavecins, des épinettes, etc., etc., sans compter lyres, cithares, cymbales exotiques rapportées de ses voyages lointains par Manfred Septala.

Avec Michele Todini (né à Saluces en 1625), nous tombons dans un assemblage de choses bizarres, véritables monuments de patience, d'ingéniosité et de complication. Qu'il suffise de citer un orgue renfermant dans ses flancs sept instruments différents : l'orgue proprement dit, le clavecin, l'épinette octave, le théorbe, le luth, etc... On a prétendu que cet immense appareil était décoré de peintures du Poussin. Il a été reproduit dans le *Gabinetto harmonico* du P. Bonnani à la planche 33. D'ailleurs, ce genre de curiosité sort des limites imposées à notre travail. Nous y rentrons avec la description de la galerie du seigneur Contarini, procurateur de Saint-Marc. « On trouve au troisième étage de son palais, dit le *Mercure galant* (juin 1681), une galerie où se voient toutes les sortes d'instruments que l'on peut s'imaginer. Il ne faut pas s'étonner de cet amas, puisque, pour avoir les instruments les plus particulières *(sic)*, M. Contarini n'a épargné aucune dépense. » La succession de ce richissime seigneur échut, paraît-il, à la famille Correr, de Venise, dont un descendant, le comte Pietro, vivait en 1869. Le docteur J. Fau, parcourant l'Italie à la recherche d'antiquités, fut admis à visiter ce qu'il restait des instruments de Contarini. Il y avait encore des merveilles reléguées dans les combles de l'hôtel. Notre compatriote put, sans trop de peine, acquérir un assez grand nombre de pièces parmi lesquelles une ravissante petite basse de viole, de Gaspar da Salo, cinq ou six archiluths ou théorbes absolument admirables, un chalumeau primitif, un cromorne rarissime et plusieurs cornets en ivoire ou recouverts de cuir d'un modèle particulier. Tout cela a pris place dans le Musée du conservatoire de Paris, avec la plus grande partie de la riche collection du docteur Fau.

MANCHE DE THÉORBE.
(xviie siècle.)
(Collection de Bricqueville.)

Mais, de tous les cabinets formés au xviie siècle, il n'en est pas de plus beau, de plus varié, que celui de Ferdinand de Médicis, fils du Grand-Duc de Toscane Cosme III. Ce prince, ami et protecteur des plus illustres artistes de son temps, qui le surnommaient *l'Orfeo dei principi* [1], avait lui-même composé une collection qui, à sa mort survenue en 1713, fut confiée, sur l'ordre de Cosme III, à la garde de Bartolomeo Cristoforo, l'inventeur du piano. Les Archives de la maison royale d'Italie possèdent en minute l'état qui fut dressé à cette occasion en 1716 et que Cristoforo déclara, avant de signer, avoir « *ricevuto in consegna e in fede, mano propria..... etc.....* »

La liste de ces 155 instruments fournit le document le plus intéressant, le plus substantiel qui existe sur la lutherie du xvie et du xviie siècles. Toutes les familles y sont représentées par des spécimens de premier ordre. On y trouve 5 orgues portatifs (à regale ou à tuyaux), décorés d'arabesques, de plaques d'ivoire gravé, etc..., 20 clavecins superbes, signés de Baffo, Domenico le Pesarese, Girolamo Zenti, Cristoforo, Cortona, Ruckers, plus un clavecin de voyage *(cimbalo di ripiegare*, dit le catalogue, *lavoro fato in Francia)* et qui est certainement l'ouvrage de Marius alors dans toute sa nouveauté; 16 épinettes dont plusieurs montées

1. Leto Puliti. *Cenni storici del S.S^{mo} Ferdinando dei Medici, Granprincipe di Toscana.* Firenze, 1874.

en cordes d'or ; 13 violes de gambes, des lyres à 12, 13 et 40 cordes ; 11 cornetti ; 7 violons portant la marque de Stradivarius, Amati, Steiner ; et des psalterions, des violes de tous les formats, des théorbes, des chitarrone, des luths, des guitares, des bassons, des flûtes, des hautbois, etc., etc..... tout cela sortant des ateliers les plus renommés d'Italie ou de Flandre, et enrichi d'ornements du goût le plus délicat.

Mais l'Italie n'est pas la seule à figurer dans ce livre d'or des collections d'instruments. Nous devons signaler un inventaire important dans les Pays-Bas, celui de J. B. Dandeleu, en son vivant commissaire des monstres des armées du Roy, et décédé à Bruxelles en 1667. Il débute par un « orgue que l'on dit avoir appartenu à feu l'archiduc Albert, et couste 3,000 florins », et comprend encore des épinettes, nombre de violes de gambes, luths, théorbes, cornets, flûtes, cistres, etc... M. Van der Strœten a écrit une intéressante notice sur ce Dandeleu et sur son cabinet de musique.

En France, nous n'avons à citer, d'après la liste de Spon[1] que le nom d'un M. Dovin, demeurant près l'Hôtel de Bourgogne, et qui recueille des faïences et des luths. Mais il ne faut pas oublier que dans notre pays, à défaut d'amateurs spécialisés, la plupart des grands seigneurs possédaient un certain nombre de beaux instruments à la disposition de leurs musiciens attitrés. Ces instruments figuraient dans une salle spéciale de leur hôtel et c'est là que la commission instituée pour saisir les biens des émigrés les trouva en 1793, ainsi qu'en témoigne l'inventaire publié il y a deux ans par M. J. Gallay. De plus, pas mal d'artistes recherchent les belles pièces de lutherie. A la mort de Marchand, par exemple, on vend quantité de violes, trompettes marines, tambourins, flûtes, timbales et une contrebasse « ayant appartenu, dit l'avis, à M. de Montéclair, fort bonne et *très ancienne.* » Cette mention d'ancienneté, mise en évidence dans le but d'allécher les acheteurs, est accolée à beaucoup d'instruments, guitares, violons, violes, clavecins, annoncés dans le cours du xviiie siècle. Il faut en déduire qu'à l'encontre de l'opinion généralement admise, les curieux d'autrefois ne dédaignaient pas, au contraire, les produits de l'art antérieurs à l'époque où ils vivaient.

Signalons, en passant, un singulier collectionneur, M. de Caix, qui s'attachait, lui, exclusivement, aux basses de violes. Il y en avait trente, de différents luthiers, à sa vente après décès qui eut lieu le 10 décembre 1759. A cette époque, la viole ne figurait plus du tout dans les orchestres, et très rarement dans les concerts. C'était donc devenu presque un instrument de curiosité.

On peut rattacher au xviiie siècle, Dragonnetti, le célèbre contrebassiste, né en 1763, qui possédait un très beau cabinet formé en grande partie à Londres, et dans lequel les instruments tenaient une place importante.

F. B. Roquefort-Flamericourt, auteur de travaux philologiques estimés, recherchait également les beaux ouvrages de lutherie. Entre autres, il laissa deux des plus belles pièces qu'on puisse voir : nous voulons parler de deux basses de Duiffoprugcar ; l'une représentant sur la table de fond le plan de Paris au xve siècle, surmonté d'une figure de saint Luc d'après Raphael, l'autre reproduisant, au même endroit, le Moïse de Michel-Ange. Les têtes de cheval sculptées qui terminaient les deux chevillers étaient de pures merveilles. Nous avons pu en juger par la basse au plan de Paris qui figura à l'Exposition rétrospective du Trocadéro en 1878. Elle passa de Roquefort à un amateur, M. Raoult, qui la céda à Vuillaume, et devint, enfin, la propriété de M. Depret[2]. Quant à la basse au Moïse, on ne sait au juste où elle se trouve actuellement.

Nous connaissons deux autres instruments similaires du grand artiste tyrolien. Sur le premier, il a marqueté le dessin dit de *l'Homme à la Chaise d'enfant* attribué à Baccio Baudinelli, — il appartient au comte de Waziers. Le second est conservé par M. Char-

---
1. *Recherche des antiquités de la ville de Lyon,* 1683.
2. Actuellement au Musée du Conservatoire de Bruxelles.

don, luthier à Paris. On y voit, sur la table du fond, un très joli bouquet de fleurs, et, au-dessus, sur la partie biseautée, un dieu avec un génie ailé reposant sur des nuages. Au bas de la touche est gravée la célèbre et suggestive inscription :

DUM VIXI TACUI, MORTUA DULCE CANO.

Et, pour continuer dans le même idiome, nous ajouterons, non sans une légère pointe d'envie : *Beati possidentes!*

En pénétrant dans le XIXᵉ siècle, nous trouvons les deux catégories de collectionneurs indiquées au début, plus tranchées que jamais. Maintenant, les amateurs de lutherie — en dehors de ceux qui se vouent à la recherche des violons et des violoncelles italiens — sont séduits surtout par le côté « bibelot » des anciens instruments. C'est le caractère des collections Clapisson, Tolbecque, Savoye, Samary. Les deux premières sont allées grossir le fonds de notre Musée du Conservatoire. Le curieux cabinet de M. Tolbecque a été acquis en 1879 par l'État belge. Quant aux galeries de M. Savoye et de M. Samary, elles ont été dispersées par les commissaires de l'Hôtel Drouot en 1880 et 1887. Il y avait aussi beaucoup de pièces de pure curiosité dans le catalogue du Musée Sax dressé en 1877. M. Alexandre Krauss, de Florence, a rassemblé 500 pièces pour lui servir de documents à un ouvrage qu'il méditait sous le titre d'*Histoire générale des instruments de musique des différentes nations*. Aussi trouve-t-on là un assemblage assez disparate mais en rapport avec le but poursuivi par le distingué musicographe.

En Belgique, M. Snoeck, de Renaix, a réussi à reconstituer, pièce par pièce, l'histoire de la lutherie dans ses manifestations les plus intéressantes. MM. Mahillon, de leur côté, avaient groupé un grand nombre de très beaux instruments qu'ils ont généreusement offerts au Musée du Conservatoire de Bruxelles.

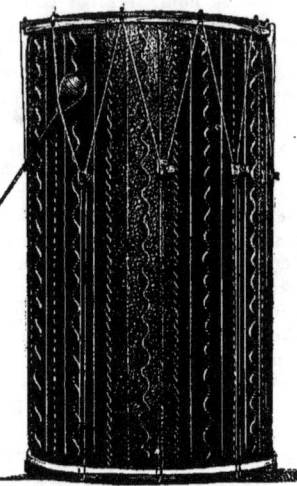

TAMBOURIN DE PROVENCE.
(Collection de Bricqueville.)

En Allemagne, la collection de M. Paul de Witt, à Leipsig, en Autriche, celle de M. Karl Zach, à Vienne, ont été admirées à la récente *Musik historischen Abtheilung*, de Vienne, que dominait le splendide Musée de l'archiduc Franz-Ferdinand d'Autriche-Este.

Sera-t-il permis de citer, en finissant, le cabinet de musique de l'auteur de la présente étude. Il comprend près de cent cinquante pièces diverses, présentant la série des familles d'instruments en faveur aux trois derniers siècles, et qui sont abandonnées, du moins en certaines conditions de forme, de mécanisme ou d'ornementation.

Au surplus, il n'est pas de collection d'objets de curiosité, en général, qui n'offre quelques belles pièces se rattachant à l'histoire de la lutherie. Sauvageot, Jubinal, le baron Davillier, le peintre Louis Leloir, pour citer les plus connus, en ont possédées qui soutenaient dignement le voisinage des plus remarquables bibelots.

Toutefois, il ne faudrait pas que le culte exclusif de la forme fit oublier la destination primitive et nécessaire des instruments. Par le caractère particulier de leur sonorité, les violes, les clavecins, les guitares, les flûtes à bec intéressent au plus haut point les musiciens assez bien doués pour ne pas enfermer étroitement leur art dans les procédés modernes. Leur sonorité molle, discrète, en harmonie avec les idées et les habitudes du temps où ils furent construits, nous met en communication directe avec les siècles disparus, mieux qu'aucun autre objet ne saurait le faire. Jouer une pavane de Willam Byrd sur la virginale ou une suite de Bach sur le clavecin, traduire une pièce de Marais sur la basse de viole, accompagner sur l'orgue de régale un ancien psaume de Goudimel, essayer de rendre la vie à toutes ces mélodies vieillies et décolorées, en vérité c'est bien la jouissance la plus exquise, la plus pénétrante qu'un homme de goût puisse s'offrir.

L'organisation actuelle de l'orchestre ne nous donne aucune idée de la manière dont on groupait les instruments de musique depuis le xvie siècle jusqu'au milieu du xviiie à peu près. Pour chaque type il existait une famille complète, copiée sur les divisions naturelles de la voix humaine, et que rendaient nécessaires le peu d'habileté des exécutants, s'il s'agissait d'instruments à cordes, et la mauvaise conditions des perces, s'il s'agissait d'instruments à vent. Cette multiplicité de type dissimulait, en somme, une grande pauvreté d'exécution ; mais le nombre des instruments n'en était pas moins considérable, sous le rapport des modèles. Bien plus, les luthiers n'étaient pas, comme aujourd'hui, asservis à un modèle fixe. Chacun, au contraire, mettait son ambition à inventer un instrument nouveau ou à perfectionner les modèles connus. Le son n'était guère modifié par ces tentatives, mais l'aspect extérieur y gagnait singulièrement.

Dans la classe des instruments à archet, réduite maintenant au violon, on avait encore la pochette, la famille extrêmement diversifiée des violes, les lyra *da bracchio* et *da gamba*, la trompette marine et les vielles. Dans la catégorie des cordes pincées, les variétés étaient considérables. On avait les caisses à fond plat, telles que la guitare, les cistres de toutes dimensions, les lyres, les pandores, les orpheoreons, penorcons, etc. Dans les fonds bombés, ou à dontes, les mandolines, les luths, théorbes, archiluths, angéliques, colachons, mandores de tous les formats ; sans compter les harpes, soit à pédales, soit ditales, les clavecins, clavicordes, épinettes et virginales, les orgues de régales et les orgues portatives à tuyaux, les orgues de chambre, presque aussi répandues que les clavecins. Pour les instruments à vent, les variétés étaient innombrables ; rien que pour le genre hautbois on en compterait près de vingt, ayant chacune son échelle complète : pardessus, dessus, alto, ténor, basse et contre-basse. Il n'est pas jusqu'au tambourin de Provence qui ne fût précédé d'un soprano, la timbale, et suivi d'une basse, le bachas.

Et pourtant rien n'est aussi rare, dans le commerce de la curiosité, qu'une belle pièce de lutherie du xvie, du xviie et même du xviiie siècle. Nous allons essayer de rechercher les motifs de cette disparition. Il convient, d'abord, de faire la part très large à la destruction accidentelle. Rien de plus fragile qu'une viole, une guitare ou un luth. L'instrument une fois fêlé on le dépose au grenier où les vers ne tardent pas à en prendre définitivement possession. Il y a ensuite la suppression pure et simple, le vandalisme systématique et raisonné, qui s'est exercé sur les instruments de musique comme sur tous les objets d'art, principalement dans les dernières années du siècle précédent et pendant les cinquante premières années de ce siècle. Durant plusieurs hivers, on a alimenté les calorifères de notre Conservatoire avec les superbes clavecins qu'on avait déposés à l'Hôtel des Menus après les avoir confisqués aux émigrés. Les trompettes d'argent, assez communes autrefois, ont été fondues pour faire des écus de trois et six livres. Les grandes trompes de chasse mesurant jusqu'à un mètre de diamètre, les timbales de cavalerie, les buccins sont allés aux dépôts de vieux cuivre.

L'introduction du piano en France proscrivit l'usage des épinettes et des clavecins. On transforma ces derniers adroitement en vitrines ou encore — nous n'exagérons pas — en coffrets à avoine. Parfois, cependant, les peintures trouvèrent grâce. C'est ainsi que le 7 mai 1765 on vendait à Paris « une épinette dont le couvercle, peint par un bon maître, peut servir de dessus de porte. »

On devine où sera allé le coffre ainsi privé de sa partie décorative.

Une remarque à ce sujet. La plupart des peintures de clavecins ont été faites après coup. Les instruments de Jean Ruckers ont été construits vers la fin du xvi° siècle ou tout au commencement du xvii°. Ils n'en sont pas moins, pour la plupart, décorés de sujets et d'attributs dans le goût le plus pur des deux siècles suivants. On ne se gênait pas, alors, pour faire remettre un clavecin *à neuf*, et des œuvres de Ruckers, de Couchet, de Denis, recouvertes de vernis Martin ou peintes par Audran, Coypel, Parrocel, sont fréquemment désignées dans les ventes. Un passage du livre de Burney intitulé *The present state of Music in France and Italy*, et rédigé en 1771, corrobore absolument notre opinion. Le voyageur anglais raconte comment il fit la connaissance de Balbastre, et il ajoute : « Ce célèbre organiste m'a mené dans sa maison pour me montrer son beau clavecin de Ruckers. Il y a fait mettre des peintures admirables. A l'extérieur on voit la naissance de Vénus, et sur la partie intérieure du couvercle se trouvent les principales scènes de *Castor et Pollux*, le chef-d'œuvre de Rameau. On voit le célèbre compositeur lui-même, assis sur un banc de gazon. » Balbastre n'est pas le seul qui ait rajeuni ainsi son clavecin et cette circonstance explique la contradiction qui existe souvent entre la date de la facture de l'instrument et le style des ornements qui l'accompagnent.

Ajoutez à cela que les premiers clavecins n'avaient pas de piétement ; on les plaçait sur une table ou sur des tréteaux. Quand on leur adjoignit un châssis reposant sur des pieds et suivant les contours du coffre, on le fit, le plus souvent, en se conformant au goût du jour, et sans tenir compte de la date de l'instrument. Tel clavecin daté de 1600, par exemple, a des pieds de biche comme le commandait le style de la Régence, de même que certains instruments contemporains d'Henri IV ou de Louis XIII ont leur couvercle décoré dans le goût de Bérain ou d'après la manière de Mignard. Ce détail a son importance.

La guitare fut en faveur pendant tout le xvii° siècle. Louis XIV, lui-même, prit des leçons du fameux virtuose Francisco Corbetti. Mais dans la première moitié du xviii° la mode de cet instrument passa, et on s'adonna à la vielle. Or, le sieur Baton, luthier à Versailles, avait dans sa boutique quantité de vieilles guitares dont on ne se servait plus depuis longtemps. Il imagina (en 1716) d'en faire des vielles, et cette invention lui réussit avec un si grand succès que l'on ne voulait plus avoir que des vielles montées sur des corps de guitares. Deux ou trois ans plus tard, le même artiste eut l'idée de transformer également en vielles des luths et des théorbes. Il coupa les manches et appliqua sur la table le mécanisme de l'instrument cher à la reine Marie Lecksinska. D'autres facteurs l'imitèrent et les luths, les théorbes, les mandores, disparurent tout à fait, pour la plus grande gloire de la *chifonie*. Citons encore, à ce propos, quelques lignes d'une curieuse brochure signée : Carbasus, et intitulée *Lettre à M. de V..., auteur du Temple du goust, sur la mode des instrumens de musique*. Personne n'a su au juste quel littérateur-musicien facétieux se cachait sous le

PANDORE LUTHÉE (XVII° SIÈCLE).
(Collection de Bricqueville.)

pseudonyme de *Carbasus*. On a dit — sans preuves, du reste — Grimm, et aussi l'abbé Goujet. N'importe, la brochure est amusante, et le passage que nous détachons instructif.

Le dialogue est entre un maître de vielle et une dame qui prend leçon.

« LA MARQUISE : Monsieur, j'ai joué autrefois de la guitare, et j'en ai là une très ornée qui m'a bien coûté de l'argent..... — Comme il est nécessaire d'avoir deux vielles, reprit LE MAISTRE, et que la guitare n'est plus à la mode, je vous en ferai faire une vielle organisée. — Quoi! Monsieur, dit LA MARQUISE, sacrifier cet instrument pour..... — Eh Madame, votre scrupule m'étonne, reprit LE MAISTRE, vous n'êtes donc pas informée que c'est le seul usage que l'on fait aujourd'hui des théorbes, des luths et des guitares? Ces instruments gothiques et méprisables sont en dernier ressort métamorphosés en vielles; c'est là leur tombeau. »

Malheureusement, la mode de la vielle passa vite et la guitare revint en faveur vers la fin du siècle. Que fit-on? Les luths allemands et italiens avaient échappé au massacre. On les fit rechercher, les luthiers réduisirent l'épaisseur des manches, substituèrent aux chevillers renversés des chevillers à six cordes et, à plusieurs reprises, les gazettes imprimèrent des annonces ainsi conçues : « Un très bon théorbe mis en guitare, par le Sr Voboam. Prix : 72 liv. » — « Un bon luth de Michelot mis en guitare. » — Un vieux luth, monté en guitare. » etc... Bien entendu, ces hybrides ont perdu toute valeur.

Et ces vielles magnifiques sur corps de luth ou de guitare, enrichies par Bâton, par Louvet, par Fleury de trophées de nacre et d'incrustations d'ivoire, ces vielles sont allées échouer dans quelques chaumières de Savoie, d'où Sébastien Mercier, le philosophe du *Tableau de Paris*, les a vu revenir un jour, attachées « sur une gorge souillée de vielleuse, par un large cordon bleu qui quelquefois a servi à une Majesté. » Et les harpes de Naderman, de Cousineau, d'Holzman, ces harpes ravissantes, aux crosses sculptées et soutenues par des amours, aux colonnes cannelées et dorées, aux tables peintes par les Martin, nous les avons revues entre les mains des virtuoses de la rue, qui ont arraché les pédales dont ils ne savaient que faire, détruit le mécanisme, cassé les sculptures et effacé les peintures. Il n'est pas rare de rencontrer un de ces instruments qui laisse encore deviner, sous une triple couche de crasse, le nom, marqué au feu, d'un luthier célèbre du XVIIIe siècle. Alors, il se trouve un antiquaire qui offre quelques écus au harpiste, emporte la harpe, la fait repeindre, redorer et la revend à un Musée quelconque avec cette étiquette : « Harpe ayant appartenu à Marie-Antoinette. »

Et maintenant, voyons ce que sont devenues les violes.

Les plus petites, montées de 5 ou 6 cordes, ont été mises en violons, et font de détestables violons. Les plus grandes, appelées violes de jambe, ont été, sans plus de succès, transformées en violoncelles. Bien mieux, quelques luthiers étendirent à leur industrie le procédé employé par les tailleurs, et qui consiste à couper des guêtres dans de vieux pantalons : avec de grandes violes, ils firent de petits violons. L'opération, très délicate, ne réussissait pas toujours, si j'en crois le récit de l'abbé Sibire, l'auteur de *la Chélonomie* (1812). « J'eus le malheur, dit-il, il y a quelques années, de consentir à la dégradation d'une magnifique basse de cet auteur célèbre (Stradivarius) espérant tirer d'un instrument passé de mode un délicieux violon qui serait encore l'auteur même. Je me trompai dans mon attente. L'extrait infortuné alla se briser dans le moule; les miettes restèrent, Stradivari avait disparu. Cette opération informe, qui m'a coûté bien des louis et des remords, ne m'a laissé de précieux que le surplus de la masse. » Ces fragments servirent à l'abbé Sibire à faire des expériences sur l'élasticité des bois employés par le maître de Crémone. Triste consolation! Et qui sait le nombre de chefs-d'œuvre qui sont ainsi venus expirer entre les mains de *rapetisseurs* inintelligents et maladroits! Le Musée du Conservatoire de Paris possède, sous le numéro 1 du catalogue, un violon qui a subi une série de transformations assez curieuse. Voici, d'ailleurs, la notice que G. Chouquet lui consacre : « Ce violon porte le monogramme de Gaspard Duiffoprugcar, parce qu'il a été fait avec un instrument authentique de ce luthier célèbre. On a d'abord transformé une viole de ce maître en petit violon; puis, Georges Chanot a fort habilement agrandi ce petit violon et lui a donné sa forme actuelle. »] L'instrument est donc de Duiffoprugcar :

> ..... sans doute,
> Mais il faut avouer aussi
> Qu'en venant de là jusqu'ici
> Il a bien changé sur la route.

Un détail assez piquant. Certains musicographes ayant vu l'instrument en question dans la collection d'un amateur nommé M. Maulaz, où il se trouvait avant d'entrer au Conservatoire, et ne se fiant qu'à l'étiquette, en conclurent que la date de l'invention du violon devait être reculée et reportée aux premières années du xvıe siècle, époque où vivait Duiffoprugcar. Pareille méprise s'était déjà produite au sujet d'un violon signé de Kerlino et portant la date de 1499. C'était simplement une ancienne viole dont un luthier de Paris, Kolliker, avait changé le manche en un manche de violon.

Voici enfin deux autres variétés de mutilations qui ont bien leur charme. Vous avez lu, tout à l'heure, la description de quelques sacs de musettes. Le velours, le damas, les dentelles et les réseaux d'or et d'argent étaient les matériaux ordinaires de leur fabrication. Savez-vous ce qu'on en a fait? des *réticules*; ou, comme on dit habituellement, des *ridicules*. Et, s'il est rare, aujourd'hui, de trouver des musettes garnies de leur enveloppe authentique, c'est que Mesdames nos grand'mères ont utilisé ces enveloppes pour y mettre leur mouchoir, leur bonbonnière et leur étui à lunettes.

Vous connaissez les tambourins de Provence, ces délicieux tambourins tout couverts de rubans, de listels, de bottes de laurier sculptés en plein bois de noyer, avec une délicatesse, une habileté inimaginables! Eh bien, ces tambourins sont utilisés, de nos jours, dans les vestibules d'intérieurs soi-disant artistiques. On s'en sert pour déposer les cannes et les parapluies! Quelques-uns remplacent la peau supérieure par un plateau en bois, et en font des guéridons!

Les beaux tambours de guerre en bois peint et décoré de trophées et d'armoiries, font aussi de merveilleux cache-pots.

C'est un chimiste, je crois, qui a formulé cet axiome célèbre : *Rien ne se perd, tout se transforme*. Mais, en vérité, parmi ces transformations, il en est qui sont passablement inattendues.

THÉORBE
(xvıı^e siècle).
(Collection de Bricqueville.)

LES
POCHETTES DE MAITRES DE DANSE

« Poche : petit violon que les maîtres à danser mettent dans leur poche quand ils vont montrer en ville. » Telle est la définition que donne le dictionnaire de Furetière, en 1690.

Violon est pris ici dans son sens le plus large : celui d'instrument à cordes frottées par un archet; car la plupart des poches ont la forme non d'un violon, mais d'une gigue. La caisse à pans, mince et allongée, ne forme qu'une pièce avec le manche court et arrondi. Le cheviller, percé pour quatre chevilles, se termine en tête vivante, en trèfle, en cœur, rarement en volute. Enfin, la forme des ouïes est caractéristique : elles consistent dans une échancrure assez fine, longue de quatre à cinq centimètres et percée à chaque extrémité d'une petite ouverture arrondie.

Ces pochettes sont dites en bateau, — les anciens auteurs les appellent en latin : *linterculus*, — ou à l'italienne, bien qu'on en trouve signées par des luthiers allemands et français. Il n'est pas rare que le fond en érable ou en ébène soit orné sur chacune des arêtes de filets d'ivoire, de nacre ou d'argent, tandis que sur les bords de la table courent de petits ornements en pistaille.

La longueur de l'instrument varie de 35 à 40 centimètres; il y en a de plus grandes qui atteignent à 50 centimètres; quelques-unes sont inférieures à un pied ancien. La largeur est de 4 à 5 centimètres à l'endroit où se pose le chevalet, à mi-hauteur des ouïes.

Une des plus jolies poches-bateau que nous ayons vues se trouve au Musée du Louvre, dans une vitrine qui renferme plusieurs ivoires de la collection Sauvageot (n° 1358 du catalogue). De dimensions ordinaires, mais assez plate, elle est recouverte d'écaille brune, et, sur la touche comme sur le cordier, courent des incrustations d'ivoire et de nacre. Les chevilles et la tête de femme qui surmonte l'instrument sont en ivoire et d'un travail exquis. La hausse de l'archet, de même matière que la tête, représente un dragon ailé. Cinq ou six poches figurent à l'Hôtel de Cluny sous les n°s 7012 à 7017.

Mais c'est surtout dans les collections du Musée du Conservatoire qu'on peut admirer de magnifiques spécimens de ces gignes minuscules. Celle qui porte le n° 104 est agrémentée d'une tête de femme; le fond est en bois de cèdre et les chevilles sont enrichies de grenats. Tout à côté s'étalent d'autres pochettes en ébène, en ivoire, en écaille et même en roseau; les têtes représentent des visages de négrillons naturellement enlevés dans de petits blocs d'ébène ou des figures de moines en ivoire encapuchonnés dans l'ébène; les dos sont garnis d'incrustations en matières

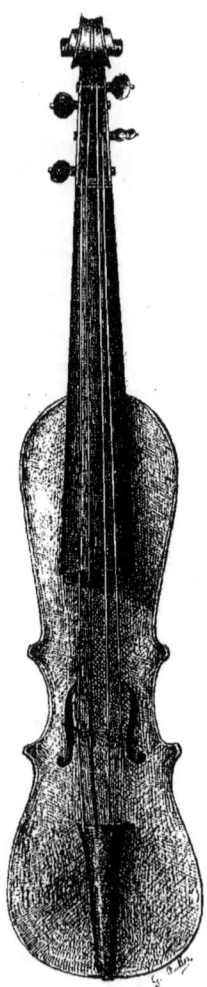

POCHETTE,
par Stradivarius.

POCHETTE.
Collection Sauvageot.
(Musée du Louvre.)

précieuses. L'une d'elles, de très grand format, porte une étonnante tête d'ours coiffé de la couronne ducale.

La pochette a figuré en haut lieu, si nous en croyons Castil-Blaze : « M. Vidal, ancien chef d'orchestre de notre théâtre italien, — dit l'auteur de *Molière musicien*, — possède la pochette de Louis XIV. Elle est toute couverte de fleurs de lys d'or. » Qu'est devenu ce royal bijou ?

Il nous a été impossible de le savoir. Nous avons trouvé, il est vrai, sous une vitrine de l'Hôtel de Cluny et portant le n° 7012 du catalogue, une fort jolie pochette en écaille, couverte d'incrustations d'argent. Au bas de la touche figure, aussi incrusté, l'écusson de France timbré de la couronne royale et entouré par deux branches de laurier. Ne serait-ce point l'objet auquel Castil-Blaze fait allusion, et l'imagination méridionale du trop fantaisiste critique ne lui aurait-elle pas fait voir un semis de fleurs de lys d'or là où se trouvent simplement les trois emblèmes de l'ancienne monarchie ? L'hypothèse n'a rien que de très vraisemblable pour qui sait le peu de fonds qu'il convient de faire des assertions de Castil-Blaze.

A la vente Samary, une des plus importantes qui aient eu lieu dans ces dernières années, plusieurs pochettes furent mises sur la table du commissaire-priseur. Voici la description de deux d'entre elles :

« Charmante pochette du xviie siècle, plaquée d'ébène et se terminant par une tête de négrillon sculptée en ronde bosse ; elle est signée *Matthus Hofmans tot. Antwerpen*. Le tire-cordes, en argent gravé, est décoré d'une figure d'ange tenant un médaillon monogrammé. »

« Autre petite pochette du xviie siècle, terminée par une tête de femme et incrustée de fils d'argent en torsade ; elle porte le nom de *Antonius Medaro Mancy*. La caisse est pentagonale ; les chevilles, la touche et le tire-cordes sont en bois d'ébène, le sillet en ivoire. Pièce remarquable de forme et dans un parfait état de conservation ; elle est accompagnée de son archet et d'un étui en chagrin. »

Tout récemment, à une vente de l'Hôtel Drouot, on en a vu adjuger une exquise, ainsi désignée sur le catalogue : « Petite pochette du xviiie siècle en vernis Martin, à médaillons, paysages et amours musiciens, corbeilles et guirlandes de fleurs en couleur sur fond jaune. »

Elle a trouvé preneur à 1,450 francs.

Toutes les collections d'instruments de musique possèdent des poches plus ou moins ornées. Ce bibelot est si gracieux par sa forme, si élégant par sa décoration, que la plupart des amateurs de choses rares et curieuses ont tenu à en faire figurer dans leurs vitrines quelque exemplaire de choix. Clapisson en possédait une bien étonnante en ivoire, du modèle d'un très petit violon allongé ; entre les deux tables, on avait ménagé la place d'un éventail. A-t-elle jamais fonctionné ? Pouvait-elle même rendre un son quelconque ? Je ne sais, mais il est difficile de voir quelque chose de plus joli. Dans le Musée Jubinal on pouvait voir une canne renfermant une pochette. Il fallait, d'abord, dévisser le bec de corbin, puis on retirait un anneau de corne. La canne alors se partageait dans le sens de la longueur et l'une des parties n'était autre que l'instrument dont la tête plate portait quatre chevilles en fer pour les cordes. Le corps de la pochette était creux ; on en profitait pour y loger un archet minuscule. La leçon terminée, il n'y avait qu'à replacer l'anneau, à revisser la poignée, et le desservant de Terpsichore, sa canne à la main, allait dans une autre maison célébrer son office.

Les pochettes-violons, moins recherchées par les amateurs de curiosité, sont loin d'être dédaignées par les collectionneurs musiciens. Ces petits instruments, auxquels des luthiers célèbres ont donné volontiers leurs soins, offrent, en effet, des qualités de forme et de vernis très variées et d'un intérêt réel pour l'histoire de la facture instrumentale. Leurs dimensions, à vrai dire, n'ont rien de bien déterminé ; elles varient de dix à vingt centimètres ; mais, détail à remarquer, le manche, terminé par une jolie volute bien fouillée, est diapasonné comme celui des violons ordinaires. L'instrument se compose de deux parties : le fond, dans lequel sont comprises les éclisses et qui ne forme qu'un seul morceau avec elles, et la table d'harmonie ; le manche est taillé dans la même pièce de bois que la table du fond. Les *ff*, les filets, la touche, le chevalet et les chevilles sont semblables en petit aux accessoires correspondants du violon dont cette pochette ne se distingue, en somme, que par les dimensions, l'absence d'éclisses rapportées et la structure particulière du manche, qui fait corps avec la table.

Quant à ce qu'on pourrait appeler le *style* de l'instrument, il n'a rien de déterminé et se rattache, dans ses ondulations, dans son vernis, dans sa coupe générale, tantôt à l'une, tantôt à l'autre des différentes écoles de la lutherie italienne ou allemande.

Nous rappellerons à ce sujet que Stradivarius a signé une magnifique poche se rapprochant par sa forme d'un violon, de modèle allongé ; elle est admirablement soignée dans toutes ses parties. L'instrument portant la date de 1717, — la bonne époque des produits du maître crémonais, — fut apporté en France par Tarisio à un de ses premiers voyages. La pochette fut cédée par lui à Silvestre, luthier lyonnais, et achetée plus tard par l'auteur de la *Fanchonnette*. Celui-ci en fut à tel point ravi qu'il lui confia une partie dans son opéra : *les Trois Nicolas*. Inutile d'ajouter que le morceau était une gavotte ou un menuet, je ne sais plus au juste, et qu'il eut un grand succès, joué par M. Croisilles.

Faisons remarquer à ce sujet que c'est par erreur qu'on appelle communément la pochette « dessus de violon ». Étant donnée la variété de longueur du corps de l'instrument, il est impossible de lui assigner dans l'échelle instrumentale une place fixe, laquelle est toujours calculée d'après la hauteur de la corde mise en vibration ou de la colonne d'air ébranlée. Jamais la pochette n'avait figuré dans un ensemble instrumental avant que Clapisson ne s'offrît la fantaisie d'en associer la maigre sonorité aux voix de l'orchestre.

Les pochettes-violons de facture ordinaire, qui se vendaient à rien il y a dix ans, sont poussées dans les ventes actuelles jusqu'à un certain prix. Nous avons vu, il y a une vingtaine d'années, des professeurs de danse donner leurs leçons à l'aide de la pochette, et même ce petit violon figurait naguère sur les prix courants de plusieurs fabricants d'instruments. Toutefois, la pochette moderne se distinguait de l'ancienne et par ses dimensions plus larges, et par son manche distinct de la table du fond, et par ses éclisses rapportées. C'était simplement un violon en raccourci, sans grande valeur à tous les points de vue.

— 30 —

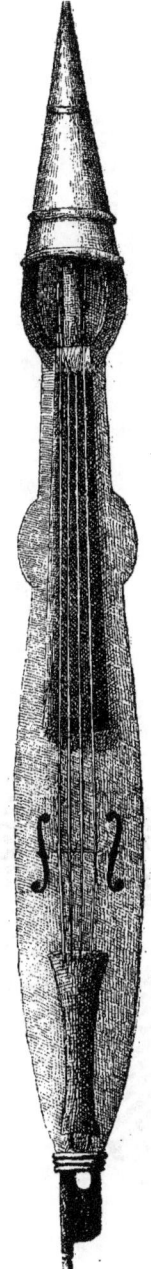

(Collection Jubinal.)

Les archets de pochettes sont de longueur à peu près fixe; ils mesurent de 33 à 35 centimètres, du bouton à l'extrémité de la tête.

Parmi les étuis, il s'en trouve de très riches, en cuir gaufré, dorés au petit fer et doublés à l'intérieur de velours ou de satin; nous en avons vu un qui porte à sa partie supérieure une cavité destinée à recevoir un morceau de colophane Les uns ressemblent aux boîtes ordinaires de violon, les autres sont cylindriques, à calotte, et on y introduit l'instrument en ayant soin d'enlever préalablement le chevalet qu'on place sous le tire-cordes. Toutefois, le véritable étui de la pochette, c'est... la poche du vêtement, ainsi qu'en témoignent du reste ces versiculets de Loret :

> Trois masques qui se présentèrent
> Ayant requis d'entrer, entrèrent.
> Et tirant soudain de leur poche
> Chacun une petite poche,
> Sans être longs à l'accorder
> Et sans peu ni point préluder
> Jouèrent une sarabande.
>
> LORET (Muze historique, 10 mars 1657).

Indépendamment des deux espèces de pochettes sur lesquelles nous nous sommes un peu étendu, il faut mentionner quelques formes de pochettes inspirées par la fantaisie des luthiers. Telle est celle qui figure au catalogue du Musée du Conservatoire sous le n° 103. La coupe de ce délicieux bibelot est celle d'une râpe à tabac, tout ornée de délicates sculptures, parmi lesquelles des onyx et autres pierres dures jettent une note particulièrement riche et originale. Nous en possédons une de grand format, au dos à trois pans surmonté d'un long manche et présentant exactement une trompette marine en raccourci. Une autre aussi, de long patron, figure un ancien rebec. Il en existe encore en forme de guitares et l'on

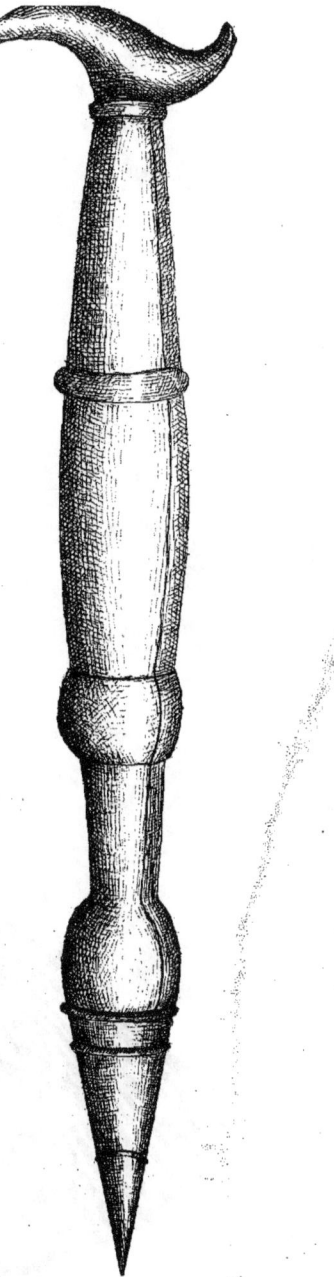

(Collection Jubinal.)

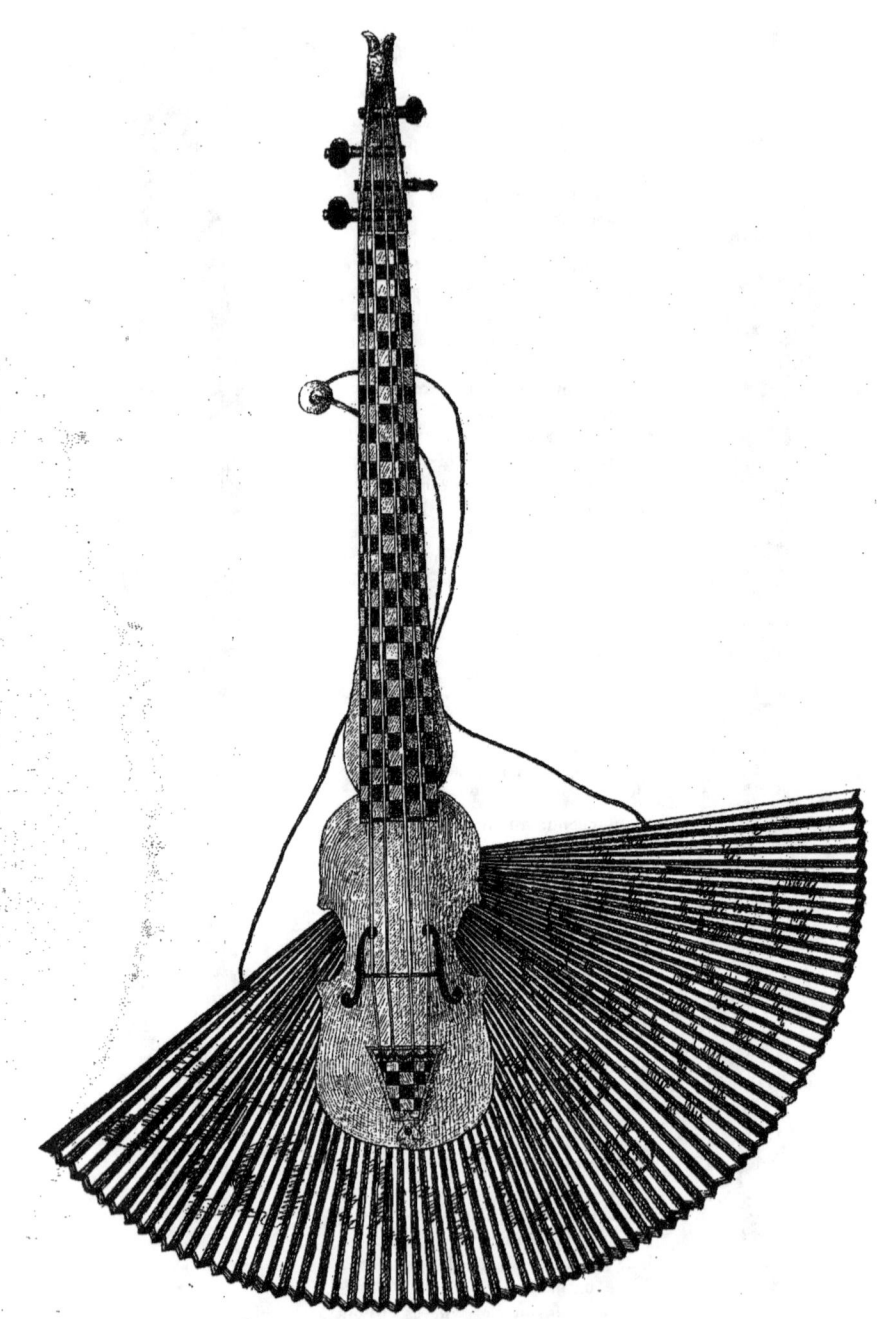

POCHETTE EN IVOIRE AVEC UN ÉVENTAIL.
(Musée du Conservatoire de Paris.)

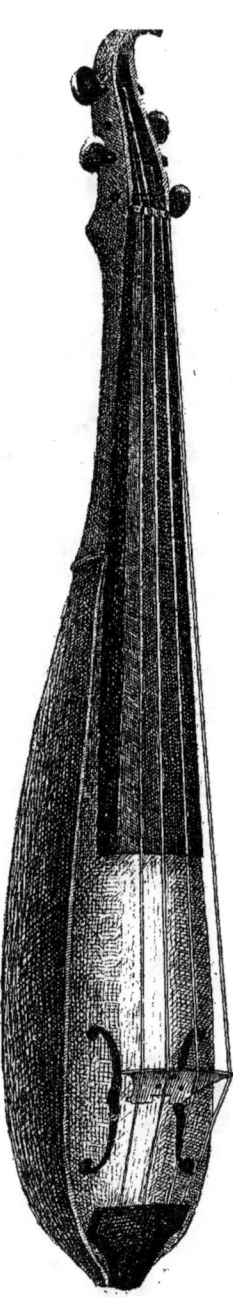

(Collection de Bricqueville.)

a pu admirer dans la galerie rétrospective des Arts installée au Trocadéro pendant la dernière Exposition une pochette ayant tout l'aspect d'une vielle. L'instrument était monté de quatre cordes, sur lesquelles l'exécutant exerçait une pression au moyen de touches placées latéralement. Des filets d'un beau travail encadraient les tables et le tire-cordes en ébène était fouillé par un ciseau délicat. C'est une pure merveille.

Et maintenant, comment tenait-on la pochette? Deux mots à ce propos ne nous éloigneront pas du sujet spécial de ce travail.

Voici deux gravures qui représentent des maîtres à danser. L'une, fort connue et datée de 1745, porte la signature de Le Bas, d'après un tableau de Cano; l'artiste tient son minuscule violon à la hauteur du sein gauche. Dans une reproduction un peu antérieure, datée de 1687 et signée Bonnart, nous voyons un professeur *épaulant* sa poche en bateau. Cette dernière position nous paraît défectueuse. L'utilité de la pochette était de fournir à celui qui la jouait un instrument qui lui laissât libres tous ses mouvements dans la démonstration des figures chorégraphiques; par conséquent, il paraît probable que la véritable posture de l'exécutant se trouve indiquée dans l'estampe de Le Bas. Il est vrai que la gravure de Bonnart est enrichie d'un quatrain. Le voici :

> Ce danceur a l'air si charmant
> Qu'il s'attire bien des caresses
> L'on peut juger facilement
> Que le maistre a bien des maistresses.

Les vers ne sont pas merveilleux, mais l'intention est louable. Et puis le poète a eu la modestie de garder l'anonyme.

Il est permis de penser que la musique confiée à la pochette était peu chargée d'arpèges et de doubles notes et que son échelle pratique n'allait guère en deçà du *la* et au delà de l'*ut* de la chanterelle. L'essentiel était de rythmer les *pliés*, les *sautés*, les *cabriolés* et les différents *pas*.

Signalons toutefois, dans la liste dressée par l'abbé de Marolles (*Mémoires*, édition de 1745), des virtuoses de son temps, « Constantin et Bocan, fameux joueurs de poche ». C'est ce Bocan qui eut l'honneur de faire danser le cardinal de Richelieu, déguisé en baladin, devant la reine Anne d'Autriche, s'il faut en croire la piquante anecdote racontée par Loménie dans ses *Mémoires*.

Le nom de Bocan et la mention de son instrument professionnel se retrouvent dans une pièce burlesque imprimée en 1634 sous ce titre : *Rôle des présentations faictes aux grands jours de l'éloquence*. On y voit figurer notre pochettiste, « lequel se plaint qu'un partysan luy a dressé une querelle ou tout au moins la Poche dudit Bocan eût été cassée si...... etc., etc. »

Il serait difficile de préciser l'époque où ce délicieux bibelot a vu le jour. Toutefois, on peut s'assurer, au moyen de plusieurs documents, que, jusque vers la fin du xvie siècle, c'étaient le tambourin et la flûte qui réglaient la danse. On lit, dans une poésie satirique remontant tout au commencement du xviie siècle (il est question du carême) :

> Les joueurs d'instrumens qui monstrent les cinq pas
> Et cessent leurs tons-tons dans cette quarantaine.

Or, l'onomatopée *ton-ton*, si nous consultons les recueils spéciaux, et en particulier ceux de la Monnaye, désignait invariablement le son du cor ou tout au moins d'un instrument à vent. Pour rappeler le bruit fait par un instrument de la famille du violon, on employait toujours *flon-flon*. Mais, voici mieux. Antonius de Arena fait paraître en 1536 son instruction « *Ad suos compagnones, qui sunt de personna friantes, bassas dansas et branlos practicantes* », au cours de laquelle il dit : « *Tambourinarium post detrobare trabailla, qui dansæ praxim rite docere sciat.* »

Point n'est besoin de recourir à de Wailly ni même à du Cange pour avoir la traduction de ce passage. Le poète macaronique indique clairement que ses contemporains apprenaient à danser non pas d'un maître de violon, mais d'un joueur de tambourin.

L'invention de la pochette se rattacherait donc au règne de Louis XIII à peu près. Quoi qu'il en soit, les auteurs sont muets sur ce point important de l'histoire musicale. Le Père Mersenne[1] se borne à en faire la description, ajoutant que « quelques-uns la couvrent de nacre, de perles, de rubis ou d'autres pierres précieuses, quoy que cela ne serve de rien à la bonté de l'instrument ». Le Père Kircher[2] l'appelle *linterculus a figurâ lintris sic dicta*, et il s'en tient à cette définition, laquelle a le mérite d'indiquer clairement que les pochettes à bateau *(linter)* furent les premières en usage. Enfin, Prætorius[3] en donne le dessin à la planche XVI de l'album accompagnant l'*Organographia*, mais n'en dit pas un mot dans le cours de son l'ouvrage.

Aujourd'hui, les pochettes reposent sous les vitrines des Musées et des collections privées. Elles ont été détrônées par le piano, et le piano, à son tour, a dû faire place au cornet à pistons.

Plaise à Dieu qu'après cela on ne nous fasse pas danser au son du canon !

1. *Harmonie universelle*, 1637.
2. *Musurgia universalis*, 1650.
3. *Organographia*, 1618.

LA HARPE DE MARIE-ANTOINETTE

n ne manque jamais d'appeler l'attention des visiteurs du Petit-Trianon sur le clavecin de Marie-Antoinette, placé dans « le grand salon de la Reine ». La forme extérieure est bien d'un clavecin ; mais si, par faveur spéciale, vous étiez autorisé à ouvrir l'instrument, vous pourriez rapidement acquérir la conviction que ce soi-disant clavecin est un véritable piano-forte, muni d'un unique clavier actionnant des marteaux d'après le système de Stein. D'ailleurs, la date est caractéristique ; Pascal Taskin a construit l'instrument en 1790, une année par conséquent après l'abandon de Versailles par la famille royale et la fermeture de Trianon.

Il est vrai que la pièce figura en 1867 à l'Exposition des objets ayant appartenu à la dernière reine de France. Or M. de Lescure, secrétaire du Comité, apercevant sur la table d'harmonie les initiales du facteur Pascal Taskin, n'hésita pas à inscrire sur le catalogue officiel : « Ce clavecin porte en lettres de cuivre doré la marque P. T. — (Petit Trianon).

Il aurait pu être plus juste de désigner ainsi : Pièce Truquée, cet instrument, qui est un clavecin à l'extérieur, un piano à l'intérieur et présente une association peu heureuse de placage d'acajou et de décoration en vernis Martin.

La harpe de Marie-Antoinette, placée dans une des salles du Musée du Conservatoire à Paris, est du moins contemporaine de la reine ; et, certes, elle est assez belle pour avoir pu lui appartenir. On la découvrit, il y a une quinzaine d'années, je crois, dans les greniers de l'Hôtel de ville de Nancy.

Comment était-elle venue échouer là, c'est ce que nul ne sait ; mais comme elle était très richement décorée et que le style de l'ornementation ne laissait aucun doute sur l'époque de sa facture, on décida qu'elle avait dû être jouée par Marie-Antoinette. La municipalité nancéenne eut l'idée de la mettre en loterie au profit des pauvres de la ville et fixa à cinq francs le prix du billet. L'heureuse gagnante fut Mme la baronne Dornier, qui, généreusement, l'offrit au Musée du Conservatoire. L'excellent M. Gustave Chouquet prit aussitôt sa bonne plume de conservateur et inscrivit l'objet au catalogue dans les termes suivants : « Harpe française. C'est une des deux harpes magnifiques que Naderman père exécuta en 1780 pour Marie-Antoinette. Elle est à crochets, système auquel le nom de Naderman est resté attaché. La table de cet instrument est ornée de peintures remarquables. La colonne passe avec raison pour un chef-d'œuvre de sculpture. Les clefs sont garnies de cailloux-diamants. (Don de Mme la baronne Dornier.) »

Nous compléterons cette note en disant qu'autour du bras court une merveilleuse guirlande de roses terminée par une feuille d'acanthe sur le sommet de laquelle vient se percher un aigle aux ailes déployées. (N'oublions pas que l'aigle a très souvent servi d'emblème à Marie-Antoinette, alors même que l'ancienne archiduchesse d'Autriche était montée sur le trône de France. C'est là, il faut bien le dire, une indication assez probante en faveur de l'authenticité de la harpe du Conservatoire.) Au bas de la colonne, deux amours, montés sur des chevaux marins, soufflent dans des conques. Les peintures représentent des attributs de musique, de géographie, d'architecture et de peinture, tout l'instrument est à fond d'or et admirablement soigné dans ses plus petits détails.

Un détail que le catalogue officiel ne mentionne pas et qu'il est peut-être bon de connaître, c'est qu'avant de trôner sur son socle de panne rouge, l'instrument passa dans les ateliers d'un facteur habile, M. Martin, qui sut réparer des ans le « réparable » outrage et mit la précieuse harpe dans l'état irréprochable où nous la voyons aujourd'hui.

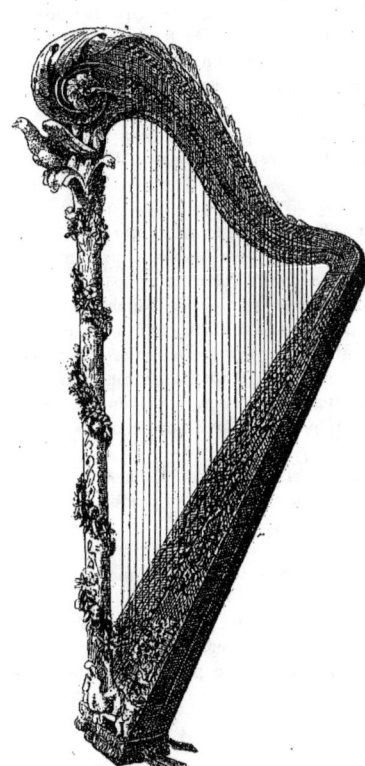

HARPE DE NADERMAN.
(Musée du Conservatoire de Paris.)

On admire dans le même établissement la vielle de Madame Adélaïde, la harpe de la princesse de Lamballe, la lyre de Garat, l'épinette du duc d'Orléans (frère de Louis XIV), le clavicorde de Beethoven, celui de Grétry, etc., etc. Mais il y manque l'instrument ainsi désigné sur le catalogue de la vente Sax, en 1877 : « Musette à soufflet, en ivoire, à douze clefs en argent *achetée comme ayant appartenu à Jean-Jacques Rousseau.* »

Ah ! le bon billet !..

En revanche, Clapisson à qui nous devons la plupart des désignations ci-dessus (et nous nous empressons de lui en laisser la responsabilité) a laissé une musette ainsi étiquetée : « Carle van Loo l'a possédée et ce maître brillant l'a reproduite dans son tableau représentant la famille de Louis XV, qu'on voit au Musée de Versailles. »

Or, le tableau en question n'a jamais existé que dans l'imagination de Clapisson. Ceci nous rendrait un peu sceptique à l'endroit de ces diverses reliques historiques.

Vous avez bien lu la notice de M. Chouquet : « *une [des [deux harpes* ». Par conséquent, il y en a quelque part une seconde et c'est ici que l'affaire s'embrouille un peu. Qui possède *l'autre?*

Ich !.. répond le Nationalmuseum de Prague. Et lors de l'Exposition rétrospective de Vienne, en 1890, la *Harfe der Kœnigin Marie-Antoinette* fut installée à la place d'honneur de la salle consacrée aux souvenirs particuliers de la maison de Habsbourg. On y voyait également le clavicytherium de l'empereur Léopold Ier, le clavecin de Joseph II, le piano de l'impératrice Carolina-Augusta et la zither de S. M. la souveraine régnante. A ce propos, il convient d'ouvrir une parenthèse.

Le gouvernement français, vivement sollicité par l'ambassadeur d'Autriche, consentit à envoyer à Vienne la harpe du Conservatoire de la rue Bergère. Il faut croire que le rédacteur du catalogue, le docteur Guido Adler, ne partagea pas à l'endroit de cet instrument historique les opinions de M. Chouquet, car il ne lui fit pas l'honneur de l'inscrire dans ledit catalogue.

Mais ce n'est pas tout. Le Kensington Museum croit aussi posséder sous son vaste hall la vraie harpe de Marie-Antoinette. Aussi belle et aussi richement ornée que la nôtre, elle est en bois sculpté et doré, la colonne est décorée de guirlandes de fleurs et de trophées d'instruments de musique. Au pied, deux coqs; au sommet, un mascaron surmonté par un buste de l'Amour. La table est peinte avec des figures ravissantes d'hommes et de femmes jouant de différents instruments de musique. En la décrivant ainsi minutieusement dans son inventaire, le savant Carl Engel n'oublie pas la formule magique : « *Said to have belonged to Queen Marie-Antoinette.* » Ici, c'est Sir Charles Wheatstone qui est le généreux donateur.

Et de trois !..

En 1891, un peintre de Bruxelles, M. G., vendit à deux des principaux marchands de curiosités de Paris une harpe qui, selon lui, était incontestablement l'*autre*. L'instrument, par malheur, avait subi des avaries. Sa dorure originale ayant été enlevée par places, plutôt que de faire opérer des raccords, on avait recouvert le tout d'une couche épaisse d'or adhésif, vous savez, cette abominable mixture qu'on vend dix sous la fiole (avec un pinceau et l'instruction) chez tous les débitants de couleurs et vernis. De plus, les peintures des tables avaient été si habilement... effacées, qu'il n'en restait pas la moindre trace. Quoi qu'il en soit, la harpe dont la cuvette et le bras étaient superbes, fut revendue pour un bon prix à un amateur qui croit de très bonne foi, posséder la seconde des « deux harpes magnifiques que Naderman le père, etc... »

Mais voici que tout récemment, un des plus brillants historiens de Marie-Antoinette reçut, à Versailles, un visiteur qui lui affirma avoir découvert dans les combles de son château une harpe qui incontestablement était la seconde, etc., etc.

Et de cinq !

Et, en cherchant bien, on en trouverait encore. Je suis sûr qu'en Amérique, il y en a une vingtaine. Comment s'y reconnaître ?

Tout le monde sait que l'infortunée reine jouait de la harpe; elle eut pendant son règne, deux maîtres pour cet instrument. Le premier, Joseph Hinner, de Vetzlar, lui donna des leçons de 1770 environ à 1780; il fut remplacé dans sa charge par Christen Hochbrücker. Mais qu'est devenu l'instrument dont elle se servait? Voilà ce qu'il serait difficile d'établir avec des preuves convaincantes.

LES
INSTRUMENTS DE MUSIQUE CHAMPÊTRES

AU XVIIe ET AU XVIIIe SIÈCLE

C'est une opinion assez généralement admise, que le goût des gens du bel air pour les divertissements paysannesques naquit vers le milieu du siècle dernier sous l'influence des productions de Boucher, de Lancret, de Watteau, de Pater, etc... Mais, en y regardant un peu de près, on s'aperçoit vite que les peintres de fêtes galantes, loin d'être les promoteurs de ce mouvement bizarre, n'ont fait qu'obéir à ses fantaisies, puisque la mode dont nous parlons remonte au commencement du règne de Louis XIII. L'apparition de *l'Astrée* en 1610, mit littéralement les cervelles françaises à l'envers. Les rudes survivants des guerres de la Ligue s'éprirent inopinément des choses de la nature, bien dédaignées jusqu'alors; et, vêtus de satin rose, armés de houlettes, tout couverts de rubans, s'accoutumèrent à fréquenter les bords fleuris du Lignon. Inutile de rééditer ici l'histoire si connue de l'abbé des Yveteaux, transformant sa maison de la rue du Vieux-Colombier en un coin du pays de Tendre, et adoptant un travestissement de berger galant, sans que ses contemporains en fussent autrement choqués. Déjà, à cette époque, maints portraits de gentilshommes sonnant de la cornemuse prennent place dans les galeries de tableaux d'ancêtres, mettant une note claire et gaie parmi les armures de fer, les jaquettes de buffle et les sombres manteaux d'armes. Leblond en grave plusieurs, et le libraire marchand d'estampes Langlois n'étonnera personne en se faisant représenter à deux reprises dans la pose et l'accoutrement d'un joueur de musette. La première toile est signée : Van Dyck. Langlois, vêtu de rouge, coiffé du chapeau à larges bords, la pannetière au côté, a les doigts appuyés sur un chalumeau ; le bourdon repose sur le bras gauche, et l'on distingue très bien, attachées à l'avant-bras, les courroies du petit soufflet. La gravure de de Pesme a été plusieurs fois reproduite. Le deuxième portrait du libraire est peint par Vignon, Mariette l'a gravé. Langlois, cette fois, a revêtu le vrai costume de Céladon, agrémenté de bouffettes, de nœuds et de ferrets ; il fait le geste de toucher la sourdeline.

Avant d'aller plus loin, il est indispensable, croyons-nous, de bien établir les différences qui existent entre les divers instruments à sac.

Les uns et les autres consistent en une outre de cuir où viennent s'emmancher un petit hautbois percé diatoniquement de trous et un ou plusieurs tuyaux ne donnant qu'une note destinée à accompagner la mélodie. Seulement la cornemuse ne peut fournir, en dehors de cette mélodie exécutée sur le tube principal, qu'un son invariable, soit la tonique, soit l'octave, soit la quinte du hautbois sonnant à vide. La musette, au contraire, est pourvue d'une série de petits tuyaux repliés, enfermés dans un barillet, et permettant de faire entendre, au gré de l'exécutant, cinq ou six notes différentes. Au moyen de layettes glissant sur des rainures, on ouvre ces tuyaux ou on les condamne au silence, et la note persistante de l'accompagnement peut ainsi se mettre au diapason exact du morceau exécuté. De plus, la musette est armée d'un certain nombre de clefs facilitant les modulations, au lieu que pour obtenir les demi-tons sur la cornemuse, l'artiste est obligé de recourir à des artifices de demi-trous ou de fourches dont le résultat est généralement défectueux. Enfin, le sac de la cornemuse est enflé directement par la bouche, tandis que le joueur de musette s'aide d'un petit soufflet fixé à l'avant-bras et peut ainsi faire concerter l'instrument avec la voix. La musette a subi, dans la seconde moitié du xviie siècle, des modifications qui ont adouci sa sonorité et facilité son maniement. Elle a figuré à l'orchestre, elle a eu ses virtuoses, ses facteurs spéciaux et ses historiographes; on a écrit en vue de la propager des traités en règle, des méthodes et des recueils de musique originale.

Pour la cornemuse, son organisation n'a fait aucun progrès depuis la rudimentaire chalemie du Moyen-Age, et sa sonorité aigre, ses notes criardes et fausses n'ont pas dépassé l'enceinte des bals de village.

Il est juste cependant de faire remarquer que son ornementation a été parfois assez soignée. Nous en possédons un exemplaire dont la facture atteste le travail d'un marqueteur habile. Il y avait au siècle dernier, à Saint-Pierre-le-Moutier, dans le Nivernais, des fabricants de grosses cornemuses appelées aussi *bombardes*, qui excellaient dans les incrustations d'étain et de plomb dont ils chargeaient les chalumeaux en bois de poirier. Un détail assez curieux, c'est que les fleurs de lis qui formaient la base de cette décoration ne cessèrent jamais d'affecter la forme qu'elles avaient au xvie siècle. Ajoutons que chevrettes, pibrochs, biniou, sourdelines, se rapportent au même instrument à ressources bornées et ne diffèrent entre eux que par certains arrangements des bourdons, particuliers à tel ou tel pays.

Nous devons nous en tenir à ces indications sommaires, l'objet de ce travail étant moins d'écrire une monographie des instruments champêtres que de montrer le parti qu'en ont su tirer, dans une période déterminée, les luthiers et les artistes ornemanistes en vue des divertissements de la haute société.

Le xviie siècle, donc, est féru de pastorales et la musique y fait remarquablement sa partie. Voici la phase la plus brillante du règne de Louis XIV inaugurée par les plaisirs de l'Isle enchantée. Dans le plein air de Versailles va se continuer la bergerie composée par Perrin et Cambert sur la scène de l'Opéra. Bientôt les tympans des portes du Grand Trianon se couvrent de musettes, de flûtes de Pan, de hautbois et de cornemuses. En 1683, le roi commande à Mansard les dessins de deux grands vases à attributs de musique champêtre; le sculpteur Jean Robert les exécute en 1684 et c'est bien le motif d'ornementation le plus ingénieux qui se puisse imaginer [1].

Déjà, en 1672, a paru chez Jean Girin et Barthélemy Rivière, à Lyon, le *Traité de la musette, avec une nouvelle méthode pour apprendre soy-même à joüer de cet instrument facilement et en peu de temps*. Pas de nom d'auteur, mais ce n'est un secret pour personne que le livre a été fait par Charles-Emmanuel Borjon.

Une figure bien intéressante que celle de ce grave avocat au Parlement de Paris, qui rédige de la même plume les *Compilations du droit romain* et le *Traité de la musette*, et acquiert dans le monde de la Cour une véritable réputation par l'habileté avec laquelle il exécute des ornements découpés dans une feuille de parchemin. Les jurisconsultes le citent avec éloge pour son *Recueil des actes du clergé de France*, les musiciens reconnaissent son autorité dans l'art d'enseigner le maniement de l'instrument à la mode, et Louis XIV collectionne et conserve précieusement quantité de ses découpures. Un fait

1. Ces deux vases sont encore aujourd'hui à leur place primitive, dans les allées de l'Hiver et du Printemps.

PORTRAIT DU MARQUIS DE GUEIDAN,
par H. Rigaud, d'après une photographie de Heiricis. *(Musée d'Aix-en-Provence.)*

digne d'être remarqué, c'est que le culte de la musette n'eut pas d'adeptes plus convaincus et plus zélés que les magistrats de tout ordre. Un avocat, le premier, en codifie les règles ; en parcourant les avis de ventes publiques de l'époque, on verra que les musettes les plus riches proviennent de la succession d'hommes de robe ; enfin, nous appellerons tout à l'heure l'attention du lecteur sur un tableau remarquable de l'École française du xviiie siècle, le portrait du marquis de Gueidan, avocat général, puis président à mortier du Parlement de Provence, représenté par Rigaud en joueur de musette.

Le traité de Borjon, devenu rare, comprend deux parties, l'une didactique, l'autre formant recueil d'airs à danser ou à chanter ; en tout, une soixantaine de pages de format in-4°, avec frontispice, plusieurs planches d'ornement, frises et figures en taille douce et d'un bon travail. Naturellement, le livre s'ouvre par une fastidieuse dissertation bien dans le goût du temps, où, dans le but de reculer le plus possible les origines de l'instrument, l'auteur remue toute l'antiquité grecque et romaine, chargeant les marges de chaque page de textes violentés et de citations amphibologiques. Ce fatras d'érudition écarté, nous trouverons, dans le traité en question, non seulement des préceptes judicieux, mais encore quantité de documents importants pour l'histoire de l'instrument. D'abord, nous voyons de quelle faveur il jouit à l'époque où paraît le volume : « Il n'y a rien de si commun, depuis quelques années, que de voir la noblesse, particulièrement celle qui fait son séjour ordinaire à la campagne, compter parmi ses plaisirs celui de jouer de la musette. Les villes sont pleines de gens qui s'en divertissent ; combien d'excellents hommes, et pour les sciences, et pour la conduite des graves affaires, délassent par ce charmant exercice leur esprit fatigué ; et combien de dames prennent soin d'ajouter à toutes leurs autres bonnes qualités celle de jouer de la musette. » Et un peu plus loin : « Dans l'état où est à présent la musette, on ne peut rien trouver de plus doux ni de plus merveilleux que les concerts qu'on en fait, comme on le peut juger par ceux qui contribuent souvent à ce divertissement de notre invincible monarque. Les représentations pastorales et champêtres ne s'en sauraient passer, et nous en voyons presque tous les ans dans les ballets du Roy. »

Dieu sait pourtant si l'instrument exige qu'on prenne en le touchant des précautions minutieuses. Il faut d'abord avoir un soin exagéré de conserver les anches en bon état, car pour peu qu'elles soient froissées, le son ne sort pas. Ensuite, il faut tenir la musette en un étui, n'en jamais jouer au soleil, ni auprès du feu, ni au vent ; prendre garde à ce qu'une personne inexpérimentée ne s'en serve, etc., etc... Toutes ces recommandations tiennent un chapitre. Nous voici fixés, d'autre part, sur la date de certains perfectionnements ; ainsi l'usage du soufflet, qui établit la différence la plus caractéristique entre la rustique cornemuse et la musette de Cour, date de quarante-cinq ou cinquante ans avant l'apparition du traité, soit du commencement du xviie siècle. Pour le petit chalumeau à six clefs, qui se trouve accolé au grand et en augmente l'étendue d'une sixte à l'aigu, on en doit l'invention à Martin Hotteterre, un des membres les plus distingués d'une véritable dynastie de tourneurs qui sont en même temps professeurs et virtuoses. Nous connaissons encore, par Borjon, quelques noms de fabricants renommés à l'époque où il écrivait. C'est d'abord Hotteterre le père, « homme unique pour la construction de toutes sortes d'instruments de bois, d'ivoire et d'ébène, et même pour faire des accords parfaits de tous ces mêmes instruments ; ses fils ne lui cèdent en rien pour la pratique de cet art, à laquelle ils ont joint une entière connaissance et une exécution encore plus parfaite du jeu de la musette ».

Viennent ensuite Lissieux, de Lyon ; Perrin, de Bourg en Bresse ; Ponthus, à Mâcon, qui a la spécialité de fournir d'excellents soufflets. Un passage à lire est celui que consacre Borjon « aux grimaces et de la manière de les éviter ». Il en ressort que la plupart des amateurs de ce noble instrument faisaient en le jouant des contorsions épouvantables. L'auteur les attribue soit à l'impatience d'apprendre, — ce qui paraît une assez mauvaise raison, — soit « à l'emportement du joueur, qui se ravit lui-même et s'enthousiasme de sa propre harmonie ». Il est plus juste, selon nous, d'en rendre cause la difficulté qu'on éprouve à maintenir également la force du vent dans l'enveloppe de cuir, opération dévolue à l'avant-bras gauche, pendant que les doigts de la main gauche sont occupés à ouvrir ou à fermer les trois derniers trous du grand chalumeau et les six clefs du petit. Quoi qu'en aient dit ses panégyristes, la musette était certainement un des instruments les plus difficiles à jouer, et cela en vue d'obtenir un résultat assez peu artistique. Malgré tout, sa vogue ne faisait que croître ; elle devint, dans la première moitié du xviiie siècle, une véritable fureur. En 1737, paraît une nouvelle méthode sous le nom de Jean Hotteterre, fils de l'inventeur du petit chalumeau. Beaucoup plus détaillée que celle de Borjon, elle n'apprend rien de bien nouveau sur la facture de l'instrument. Toujours le chapitre sur les grimaces, avec le conseil de travailler devant un miroir, et quatre pages de recettes pour maintenir les chalumeaux, le bourdon et le sac en bon état. A lire l'énoncé des dégâts qui peuvent survenir à l'improviste et la liste des précautions à prendre pour les éviter, on peut penser que, quatre-vingt-dix fois sur cent, une musette était dans l'impossibilité de fonctionner au moment où on devait la faire entendre. N'importe, elle était à la mode et sa pratique faisait partie de toute éducation un peu soignée, comme aujourd'hui le piano.

Mme de Genlis — voyez les *Souvenirs de Félicie* — est bien obligée d'y consacrer de longues heures et en pure perte, a-t-elle soin d'ajouter. Mais par contre, les plus grandes dames, les seigneurs les plus qualifiés, courent s'inscrire aux leçons des frères Chedeville, qui montrent l'instrument à Mme et Mlle de Montmirail, à la comtesse de Lannion, à la marquise de Berville, au comte de Guines, lieutenant du Roy de la province d'Artois, aux ducs de la Trémoille et d'Aumont, aux marquis de Cheffontaine et de Tinteniac, à M. Bertin, conseiller d'État, etc., etc... Nicolas Chedeville compte en plus au nombre de ses élèves Madame Victoire de France, pour laquelle il écrit à la première page des *Impromptus de Fontainebleau* : « Madame, les airs de musette que je prends la liberté de vous présenter sont le fruit du goût que vous avez bien voulu marquer pour cet instrument. » A côté de cette royale élève, nous remarquons encore S. A. S. Mgr le comte d'Eu, à qui sont dédiés *les Amusements champêtres;* Mme la princesse d'Orléans, le marquis de Montmirail, capi-

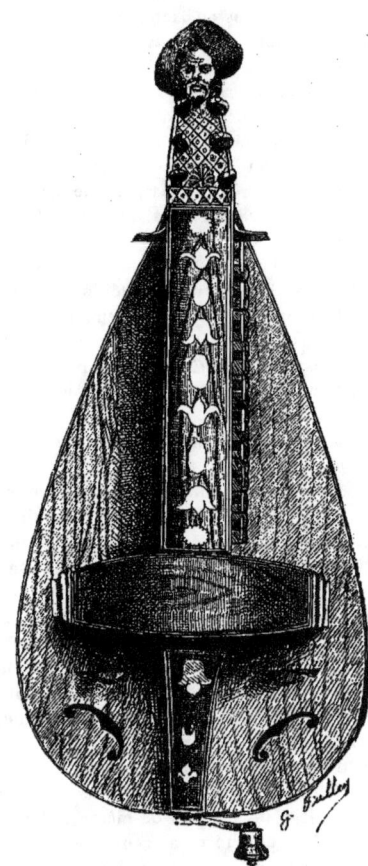

VIELLE DE VIBERT (1750).
(Collection de Bricqueville.)

taine-colonel des Cent-Suisses, et bien d'autres encore. En tête de chacun des morceaux dont se compose *les Déffis ou l'Étude amusante*, recueil de Chedeville cadet, on salue les plus grands noms de l'aristocratie et de la finance. La dédicace est rédigée dans un style pompeux; on y lit la phrase suivante : « Pour vous, Messieurs, que le dieu de la guerre appelle sous ses étendards, si j'ai le suffrage des dames, je suis sûr du vôtre. Le bruit des armes ne vous fera point oublier nos concerts; et le son éclatant des trompettes qui vont célébrer vos lauriers ne vous rendra point insensibles aux tendres accords de la douce musette. » Nous savons, par la dédicace des *Galanteries amusantes*, que le duc d'Aumont prit ses premières leçons pendant la campagne du Rhin.

Ce cahier des *Déffis*, *dédié aux virtuoses, soit aux messieurs, soit aux dames*, est accompagné d'une ravissante gravure. On y voit sur la terrasse d'un parc deux gentilshommes et deux dames de qualité, la musette ou la vielle sous le bras, en train de déchiffrer quelqu'une de ces sonatilles galantes, qui font la joie de la Cour et de la ville. C'est de cette époque, à peu près, que date le portrait du baron Gaspard de Gueidan, avocat général au Parlement de Provence [1], et placé aujourd'hui dans une des salles du Musée d'Aix. Le baron est en justaucorps de brocart, crevés et manches de nuance chaudron, nœuds d'habit et de cravate abricot, mantelet de faille mauve, culottes de velours amadou. Le peintre, comme nous l'avons dit, l'a représenté jouant de la musette. L'outre de l'instrument est recouverte de velours azur et de passementerie d'argent; les chalumeaux d'ivoire tiennent à une boîte d'ébène garnie sur le devant d'un écusson d'or aux armes des Gueidan. Le tableau, mesurant 1 m. 45 cent. sur 1 m. 14 cent., est signé à gauche : *Hyacinthe Rigaud*, avec la date 1737. C'est un morceau de premier ordre.

On devine que les instruments destinés à une pareille clientèle devaient être confectionnés d'une façon toute particulière. Le recueil ayant pour titre : *Annonces et avis divers*, que nous avons feuilleté de 1752, date de son apparition, à 1780, contient à ce sujet des documents intéressants. On y trouve la description et le prix de quantité de musettes justifiant bien, par leur facture et leur habillement, l'épithète de « cornemuse royale », que certains auteurs se sont plu à lui donner. Ainsi, le 11 janvier 1768, on en vend une « montée en or ». A diverses époques, on en trouve recouvertes de velours galonné à franges et réseaux d'or fin ; en velours de couleurs variées : jonquille, noisette, vert, bleu, cramoisi ; en soies lamées, enfermées dans des réseaux d'argent, agrémentées de floches, de glands, de franges assortis ; en gros de Naples avec des crépines d'or et bordées de point d'Espagne sur toutes les coutures du sac, du soufflet et des ceintures. Certaines portent la mention laconique « magnifiquement habillées » ou « très richement vêtues » et l'on sait ce que signifiaient ces deux adverbes au xviiie siècle. Le 3 décembre 1778, on peut lire l'avis suivant qui vaut la peine d'être transcrit en entier : « A vendre, deux musettes à chalumeaux d'ivoire, étuis de beau chagrin et deux robes ; l'une de velours ponceau ciselé, galonné, à franges et cocardes d'or, le soufflet garni de même et boucles de pierre d'Alençon. L'autre de velours bleu ciselé, galonné et à franges et cocardes d'argent, ainsi que le soufflet. La deuxième musette de ton bas a les chalumeaux d'ébène et d'ivoire et deux robes, l'une de droguet vert garni d'un ruban et d'une ceinture assortis, boucles d'acier, chalumeaux et leur étui en beau chagrin ; l'autre en toile de coton à petites raies travaillées rouge et vert, ceinture verte de soie et boucle d'acier. S'adresser à M. d'Igoville, rue de Richelieu, vis-à-vis le café de Foy. »

Il y en a, on le voit, pour tous les goûts et cette véritable garde-robe de sacs et d'enveloppes nous prouve que ces raffinés d'élégance qu'étaient nos pères tenaient à posséder

---

[1]. M. de Gueidan fut, dans la suite, nommé président à mortier du même Parlement; et, en 1752, le roi érigea sa baronnie en marquisat. Il avait épousé une demoiselle de Simiane, dont le portrait figure également au Musée d'Aix.

des instruments dont les housses répondissent, par leurs nuances, aux couleurs de l'habit ou de la robe de ceux qui les jouaient.

Le prix des deux pièces curieuses dont on vient de lire la description n'est pas indiqué; mais, vu l'époque, il est probable qu'elles ne se sont pas vendues très cher. Depuis quelques années en effet, la mode commençait à passer. Telles musettes qui, vingt ans auparavant, valaient 400, 500 et jusqu'à 700 livres, étaient proposées à un tiers de leur valeur ; on en avait de très jolies en de riches fourreaux pour 60 ou 80 francs.

Cette même année, l'occasion porte une belle musette en grenadille et ivoire à trois louis. Le président d'Hozier offre de céder la sienne à huit louis et elle est de toute beauté, assure-t-il. Vainement les tourneurs s'efforcent de maintenir la vente, mettant toute leur habileté en œuvre pour que la mode persiste encore quelque temps. Lavigne, rue Neuve-Saint-Roch, annonce qu'il vend des « musettes curieuses » et Lussy, de son côté, fait mettre dans le *Mercure* un avis ainsi conçu : « Perfectionnement de la musette donnant le son de la clarinette et de la voix humaine. Elle se joue avec ou sans bourdon ; on peut imiter la vivacité et la netteté du coup de langue, comme dans la flûte traversière ou le hautbois. L'auteur est le sieur Lavigne, demeurant rue Neuve-Saint-Roch. »

En dépit de tous ces efforts, l'instrument est de plus en plus négligé. Laborde, dans son *Essai sur la musique,* constate son abandon, et quand Laharpe compose la romance si longtemps célèbre

> O ma tendre musette,
> Musette des amours,

la musette n'est plus qu'une expression poétique comme la lyre et le luth, à l'usage des rimeurs d'églogues, d'odes ou d'élégies. Mais le souvenir du gracieux instrument est demeuré et se perpétuera grâce aux motifs de décoration qu'il a inspirés pendant son long règne. Durant l'espace d'un siècle, les ornemanistes ont semé à profusion les musettes sur les vases de marbre, les lambris, les tentures, les étoffes, les broderies et jusque sur les gardes d'épées et les buffets d'orgues. Qu'il nous suffise de citer comme exemples, à Versailles, les appliques en bronze doré du salon de la Paix, à l'extrémité sud de la grande galerie ; les panneaux du salon de Mme Adélaïde et des petits appartements de la Reine ; les soubassements des orgues de la chapelle du château et de l'église Saint-Louis, enfin, au Théâtre, les ravissants trophées en bois sculpté et doré.

Possédé, comme nous l'avons vu, de la passion des bucoliques, le xviiie siècle ne se contenta pas d'avoir aristocratisé la cornemuse ; il commanda aux luthiers, aux tabletiers, de gentils petits hautbois en ivoire, des flûtes de Pan délicatement ouvragées ; il fit sculpter magnifiquement les tambourins du Midi ; enfin, il réhabilita la vielle. Grandeur et décadence de la vielle : quel titre suggestif pour un chapitre de l'histoire des instruments ! Aucun d'eux, en vérité, n'a passé par autant de vicissitudes. D'abord aux mains des paysans, elle paraît avoir vers le milieu du xvie siècle quelques heures de succès. On en joue à la cour des Valois, puisque le Musée de Kensington en possède un spécimen de forme antique, marqué aux chiffres d'Henri II et de Catherine de Médicis avec peintures, arabesques, roses découpées à jour et sujets de chasse sur les deux côtés de la table[1]. Mais pendant toute la durée du xviie siècle, elle retombe dans la catégorie des « instruments truands », comme l'appelle la chronique de Bertrand du Guesclin, et tous les anciens auteurs qui écrivent sur la musique sont unanimes à la dédaigner. « *Lyra communis et pervulgata*, dit Millet de Challes dans son livre intitulé : « *Cursus seu mundus mathematicus* », — *quia cæcis nostris tribuitur... viluit quam plurimum.* »

« *Instrumentum tritum et vulgare* », déclare le Père Kircher, qui regrette cependant

---

[1]. On trouvera la description détaillée de cette vielle et le récit des circonstances qui la firent retrouver dans une curieuse brochure : *Dissertation historique sur l'instrument appelé la vielle.* Par M*** (Antoine Terrasson), Paris, 1741.

cette situation infime faite à un instrument en somme très ingénieux. Quant à Mersenne, il confesse que « si les hommes de condition touchoient ordinairement la *symphonie*, elle ne seroit pas si méprisée qu'elle est. Mais parce qu'elle n'est touchée que par les pauvres, et particulièrement les aveugles, l'on en fait moins de cas que les autres, *quoy qu'ils ne donnent pas autant de plaisir* ».

Le premier des musicographes à qui nous avons emprunté une citation, le Jésuite Millet de Challes, ne faisait, lui aussi, nulle difficulté d'admettre que la « *lyra mendicorum posset tamen concentum valde harmonicum producere* ». Il se souvenait même avoir entendu des gens qui en jouaient d'une manière agréable « *non contemnenda* ».

Il était donc possible d'exécuter, sur l'instrument si méprisé, autre chose que les horribles grincements qu'en tiraient les aveugles. Tout le monde en demeura convaincu, quand, vers 1680, on entendit la Roze et Janot, deux virtuoses qui, sans être grands musiciens, jouaient proprement des entrées, menuets, vaudevilles et brunettes tantôt sur la vielle seule, tantôt en la faisant servir à accompagner la voix. Leur réputation dépassa rapidement l'enceinte des jardins publics où ils se faisaient entendre pour l'agrément des

TAMBOURIN DE PROVENCE.
(Collection de Bricqueville.)

oisifs; bientôt toute la Cour s'enthousiasma pour les exécutants, autant que pour leur instrument. Ils s'établirent professeurs, formèrent de nombreux élèves, et, derechef, la vielle tint un rang des plus honorables dans le monde musical. Mais cette faveur fut d'assez courte durée; Louis XIV gardait, au fond, ses sympathies pour la guitare qui avait charmé sa jeunesse, et il était du devoir de tout bon courtisan de ne pas afficher un autre goût que celui du Roy. Et voilà une deuxième fois les mendiants et les aveugles reprenant possession de leur instrument nasillard. Or, aux premiers temps de la Régence, un luthier de Versailles nommé Baton, voyant son magasin encombré de guitares dont il ne pouvait se débarrasser, eut l'idée d'en scier les manches et de se servir des corps pour en faire des vielles; il se trouva que la sonorité de l'instrument y gagnait énormément. En homme qui connait les besoins de son époque, Baton s'empressa de couronner les chevillers de ses nouvelles vielles de jolies têtes sculptées, dans le genre de celles qui terminaient les basses de viole; il incrusta d'ivoire, de nacre et d'ébène les bords de la table, la planchette de recouvrement, le tire-corde et le pont de la roue, les ornant de trophées, de rinceaux, de médaillons et de filets. Il fit fabriquer de riches écrins en cuir avec fermoirs de cuivre doré, et voilà le goût français qui se réveille en faveur d'un instrument présenté de façon aussi séduisante.

Puisque les caisses de guitares donnaient un aussi bon résultat, pourquoi ne pas utiliser, dans le même but, les luths ou les théorbes déjà passés de mode qui, eux aussi, paraissent d'une défaite difficile pour les marchands? Ainsi fut fait; la décapitation devint générale, et si les luths sont devenus si rares à notre époque, si les collectionneurs sont obligés de payer au poids de l'or les plus simples exemplaires complets dans toutes leurs parties, on sait maintenant à qui il faut s'en prendre.

La musette ne fut certes pas abandonnée du coup, mais, de ce moment, elle dut partager avec les vielles la prédilection des gens de qualité. Baton ne s'arrêta pas en si bon chemin. Non content de soigner ses produits et de les orner avec tout le goût et la richesse possibles, il en perfectionna assez heureusement le mécanisme, donna plus de justesse aux sauterelles et augmenta l'étendue des claviers. Voici donc la chiffonie de nouveau en pleine gloire; il se forme à Paris toute une catégorie de luthiers voués spécialement à sa fabrication.

Citons les plus connus. D'abord l'ingénieux Baton, à qui est réservé le titre de restaurateur de l'instrument; puis son fils, qui abandonne Versailles pour s'établir à Paris, quai des Orfèvres; la veuve Champignon, rue du Bac; Fleury, rue des Boucheries-Saint-Germain; Louvet, rue Croix-des-Petits-Champs; Vibert, rue de Seine; Lambert, rue Michel-le-Comte; Lelièvre, rue des Nonaindières; puis encore Grou, Henry, Girod, tous plus ou moins réputés pour la solidité et le fini de leur travail.

Ce n'est pas tout; on trouve le moyen d'adjoindre à la vielle un jeu d'orgue ainsi disposé que le soufflet agit simultanément avec la roue sous l'action de la manivelle; à chaque touche est fixé un pilote qui ouvre la soupape par où le vent entre dans le tuyau. Et voilà ce qu'on appelle une *vielle organisée*, réunissant à l'instrument criard par excellence un deuxième instrument plus aigre encore, si c'est possible, étant donné le diapason forcément réduit des tuyaux. Et remarquez bien que, la plupart du temps, les deux parties ne sont pas d'accord entre elles, que l'aspect en est disgracieux et le poids considérable. Peu importe, l'invention réussit pleinement, et Mélingue, dont les ateliers sont situés rue des Orties, en construit pour sa part un grand nombre qu'il vend très cher aux amateurs. Un de ses prospectus, que nous avons sous les yeux, explique que ses instruments ont trois jeux: flageolet, flûte et vielle proprement dite, jouant ensemble ou séparément. L'illustre ingénieur Richard, domicilié au vieux Louvre, et le sieur Joubert, demeurant rue Saint-Jacques, en font également. Ce dernier s'annonce, au surplus, dans les *Tablettes de renommée*, comme l'auteur de « vielles turques tant simples que doubles ». Qu'était-ce qu'une vielle turque, simple ou double? Nous n'avons jamais pu le savoir. Voilà donc seigneurs et nobles dames en train de vieller avec fureur; les maîtres surgissent nombreux et empressés, quelques-uns faisant preuve, dans une spécialité aussi ingrate, d'un véritable talent.

C'est d'abord Charles Baton le fils, qui, non content de faire valoir les inventions de son père, apporte à son tour des perfectionnements à la facture et au jeu de l'instrument; Mlle Joubert, fille du luthier cité plus haut; Bouin, auteur d'une méthode; Ravet, Danguy l'aîné, le plus célèbre de tous qui, au dire d'un auteur, « surprit tout le monde par une prodigieuse volubilité de mains et par la délicatesse de son jeu également admiré à la Cour et à la ville ».

Outre le traité de Bouin que nous venons de mentionner[1], plusieurs autres monuments sont élevés à la gloire de l'instrument. Voici la dissertation savante de l'abbé Terrasson, le mémoire de Baton le jeune, la méthode de Corrette, du prolifique Corrette, type achevé de pédagogue musical. On voit alors apparaître des vielles magnifiques, soit sur corps de luth, soit sur caisse de guitare, soit de forme originale. Un artiste se fait un nom dans l'art d'ouvrager les manches et de les coiffer de têtes à turbans, de figures de bergers ou de masques chinois, il s'appelle Pineau et loge dans la rue Notre-Dame-de-Nazareth. Mais si la mode se répand, il faut convenir que l'impulsion vient de haut. La reine Marie

1. Le titre exact est: *La vielleuse habile, méthode pour apprendre à jouer de la vielle.*

Leczinska, toujours en quête de distractions peu bruyantes, s'éprend de la vielle et arrive à en jouer assez bien pour faire sa partie dans un orchestre. Il faut lire les *Mémoires* de Luynes, au volume VII, pour trouver mention de ce concert : « La Reine, dit le duc, nous fit l'honneur de venir souper ici dimanche et lundi. Les jours qu'elle vient, on lui donne une petite musique pendant son souper. Le lundi, en sortant de table, elle joua de la vielle pendant quelque temps avec les musiciens. (31 août 1745.) » On peut sourire en voyant la royale épouse de Louis XV tournant la manivelle d'une vielle. Il est certain, cependant, que cette fantaisie coûtait moins cher à la France que celles de Mme de Pompadour.

Quand Baton fait paraître, en 1752, son *Mémoire sur la nouvelle vielle en D la ré*, un des documents les plus importants pour l'histoire de l'instrument champêtre, Marie Leczinska est la première à en prendre connaissance. De Compiègne, où elle tient alors sa résidence, elle dépêche à l'auteur l'ordre de se rendre auprès d'elle avec la vielle construite d'après les nouveaux principes; s'en fait expliquer le mécanisme, trouve le son agréable et commande à Baton de revenir jouer le lendemain pendant le dîner de Sa Majesté auquel assistent Madame la Dauphine, ainsi que Mesdames, filles du roi. Baton

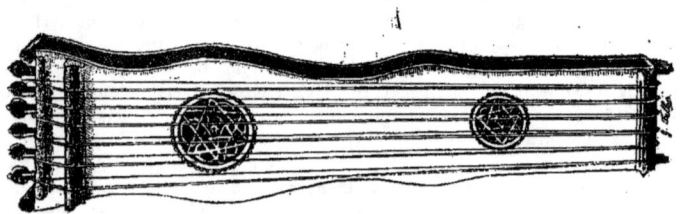

TAMBOURIN DU BÉARN.
(Collection de Bricqueville.)

avait déjà l'honneur de compter parmi ses élèves Mme Adélaïde, bonne musicienne, d'ailleurs, comme sa sœur, Mme Henriette. Clapisson, dans sa belle collection d'instruments de musique, montrait la vielle dont s'était servie la fille aînée de Louis XV. De forme plate et allongée, elle est faite en bois de citronnier et de buis, ornée de dessins sculptés ou découpés à jour et enrichie de médaillons en nacre alternant avec des turquoises. Le clavier à ses touches en nacre et en ivoire. Je ne sais si la pièce en question a bien appartenu à Mme Adélaïde, mais bien certainement c'est un des plus riches et des plus élégants produits de la lutherie française au XVIIIe siècle.

Mentionnons encore ce fait que dans l'inventaire qui fut dressé, le 14 messidor an II, des meubles appartenant au vicomte de Noailles-Mouchy, on inscrivit une vielle *ci-devant aux armes de France*. Était-ce, d'aventure, celle de la Reine?

Parmi les personnes de la plus haute condition qui cultivent l'instrument, on peut citer S. A. S. le comte de Clermont, également élève de Baton. Le comte de Cheverny avoue, dans ses *Mémoires*, qu'un maître de vielle lui a passé par les mains, « mais, ajoute-t-il, sans aucun fruit. »

Cependant, l'engouement pour la musette et la vielle commençait à soulever les protestations des musiciens sérieux et des hommes de bon sens. En 1739 paraît la *Lettre de M. l'abbé Carbasus à M. de V..., auteur du Temple du goust, sur la mode des instrumens de musique*, petit pamphlet fort spirituel où les vielleurs et surtout les vielleuses sont rudement malmenés. Il se termine sur cette appréciation : « Plus la dame est belle et noble, plus cet instrument est ignoble et choquant dans ses mains. »

Déjà, l'année précédente, le Mercure d'août avait inséré une lettre qui engageait « à reléguer sans inconvénient pour le bon goût la vielle aux guinguettes et à l'abandonner aux aveugles. Car, n'en déplaise aux belles qui s'y sont adonnées depuis quelques années, c'est un instrument si borné, son cornement perpétuel est si désagréable pour des oreilles délicates, qu'il devrait être proscrit sans miséricorde. » Les épigrammes pleuvent sur l'infortuné instrument, mais sa vogue n'en persiste pas moins jusqu'à la fin du règne de Louis XV. Si peu gracieuse que soit sa forme, Cochin fils est bien obligé de la faire entrer dans le trophée d'instruments placé au bas de l'invitation au bal pour le mariage du Dauphin, le 24 février 1745. C'est le seul exemple qu'on puisse citer d'une vielle figurant dans un ensemble décoratif.

Bien que passablement déchue de son ancienne splendeur, la vielle conserva quelques fidèles jusqu'aux premiers jours de la Révolution. Vers le commencement du xixe siècle, le vaudeville inspiré par les aventures de Fanchon sembla lui rendre un peu de notoriété ; mais l'heure était venue où « l'instrument truand » devait retomber pour jamais aux mains de ses premiers virtuoses, les aveugles et les mendiants.

Personne ne le regrettera.

Un mot maintenant sur les tambourins. Ceux-ci, du moins, ont eu la vie dure ; car, après avoir rempli honorablement leur partie dans les concerts de l'ancienne cour, ils font aujourd'hui encore les délices de la haute société provençale. Naturellement les gens de qualité, en les adoptant, les embellirent de listels, de rubans, de rais de cœur et de toutes sortes de fins motifs sculptés ; même on recouvrit quelques-uns de vernis Martin. Le 4 septembre 1760, nous en voyons annoncer un « magnifique, à caisse très ornée ». Un autre, le 31 janvier 1779, est « garni en soie ». — Il s'agit sans doute des tirants et des cordages.

L'État ou tableau de Paris, en 1750, mentionnait déjà trois tambourinaïres : Marchand, dont le fils fut plus tard attaché en cette qualité à l'Académie royale de musique ; Ménage, aux écuries du Roy, et un troisième artiste appartenant à l'orchestre de la Comédie italienne. Enfin, le 10 avril 1772, le Journal de Paris, en un article pompeux de deux colonnes, annonçait l'arrivée à Paris du célèbre Châteauminois qui sut rapidement, grâce à une réclame habile, se faire une brillante réputation et donna des leçons très recherchées. Chose étrange : plusieurs dames, éprises d'un instrument si peu fait pour elles, vinrent suivre les cours de Châteauminois.

Outre le tambourin provençal, on pratiquait de longue date dans le Béarn une sorte de tympanon dont la caisse, mince et allongée, était garnie de cordes tendues suivant la tonique et la dominante d'un ton quelconque. On tenait le tambourin dans le bras gauche verticalement ; la main gauche servant à faire jouer le flûtet, et de la main droite on frappait en cadence les cordes avec une petite baguette garnie de velours. Le tambourin béarnais ne fut pas oublié dans l'appel adressé par la mode à tous les instruments de musique pastorale. Il profita du moins de son séjour de quelques années dans la capitale pour subir certains perfectionnements, tel celui qui est annoncé le 26 février 1764 : dans le but d'augmenter les ressources dudit tambourin, un luthier imaginait de le garnir de cordes sur ses deux faces, de manière à pouvoir moduler sur deux tons.

Treize ans plus tard, le Journal de Paris signalait « un tambourin d'un nouveau genre, très agréable pour le bal, et rendant les sons doux d'une manière bien plus flatteuse à l'oreille que les instruments ordinaires ». Un sieur Chevalier, maître de danse, domicilié quai de la Mégisserie, présentait l'instrument ainsi modifié à l'approbation des amateurs.

Nous en possédons un de forme élégante, peint, sculpté et doré, qui présente cette particularité curieuse qu'on l'a garni de cordes métalliques vibrant par sympathie, à l'instar de la viole d'amour[1]. Ce raffinement était dû à l'imagination d'un artiste nommé Baujot-Fraunié qui a signé son œuvre et l'a datée : 1764.

On s'amusa donc pendant quelques années des tambourins comme on s'était amusé de la musette et de la vielle, après quoi on les renvoya dans leurs provinces. Les troubles, les inquiétudes qui précédèrent la Révolution avaient modéré, mais sans le détruire tout à fait, ce goût désordonné pour les mœurs champêtres, et la dernière bucolique s'acheva dans la charrette qui traînait la noblesse française de la prison à l'échafaud.

1. On peut voir, dans la riche collection de M. Ch. Petit, à Blois, un fût de tambourin provençal orné de belles peintures et garni de dix cordes vibrantes dans le sens de la longueur. C'est une pièce probablement unique.

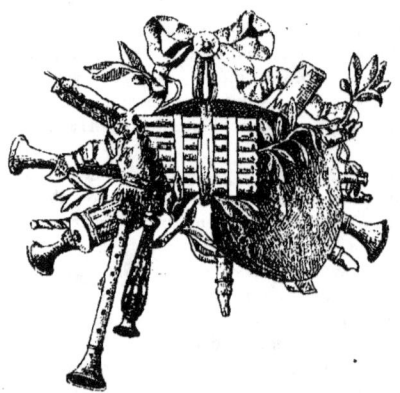

BAS-RELIEF DESSINÉ PAR MANSARD.
(Parc de Versailles.)

L'ICONOGRAPHIE INSTRUMENTALE

AU

MUSÉE DU LOUVRE

La plupart des écrivains musicologues, qui de nos jours se sont occupés des anciens instruments, ont basé leurs dissertations sur des documents graphiques : miniatures, estampes, sculptures, tableaux, sans trop s'inquiéter de la fidélité de ces représentations. En effet, si certains peintres, sculpteurs ou graveurs se sont donné la peine de faire *poser* l'instrument de musique qu'ils mettaient entre la main de leur personnage, d'autres, et en assez grand nombre, ont traité cet accessoire d'une manière plus ou 'moins fantaisiste. Il en est résulté des erreurs, des méprises, quelquefois même des mystifications qui, copiées et recopiées à l'infini, sont passées à l'état de chose établie.

Je ne m'occupe pas ici du Moyen-Age, dont l'organographie est restée fort obscure en dépit des savants travaux de Perne, de Coussemaker, de Kastner; mais, dans des temps plus rapprochés de nous, que de discussions a fait naître, par exemple, le tableau si connu de Raphaël : *Sainte Cécile écoutant la musique des Anges!* Tout le monde en connaît le sujet : la sainte, ravie en extase par le céleste concert, incline vers le sol un petit orgue portatif dont elle a cessé de jouer. On n'a pas manqué de relever cette singularité que l'instrument est construit au rebours de ce qu'on voit d'ordinaire ; les tuyaux les plus courts sont à gauche et les plus longs à droite. Faut-il en conclure que c'était là le modèle des orgues dont on se servait au commencement du xvie siècle? Alors, comment interpréter cet arrangement? De deux manières. Ou bien le système musical de cette époque allait de l'aigu au grave et l'explication est insoutenable; on possède, en effet, des clavecins et des clavicordes contemporains de Raphaël qui, par leur configuration, prouvent que les claviers étaient organisés diatoniquement et chromatiquement comme ceux de nos pianos modernes; pourquoi en eût-il été autrement de l'orgue? Certains auteurs, sans s'arrêter à cette hypothèse dont l'absurdité n'a pas besoin d'être démontrée, ont avancé que cet arrangement particulier aux tuyaux d'orgue devait s'obtenir grâce à des vergettes qui, tout en laissant au clavier sa disposition normale, faisaient parler les tuyaux ainsi posés à contre-sens. C'eût été, certes, se donner bien du mal et compliquer le mécanisme déjà si délicat de l'instrument pour obtenir un résultat dont l'utilité n'apparaît pas. Et encore, est-il admissible que ces agents de transmission aient pu tenir dans un appareil de format très exigu qui comprenait seulement un clavier de trois octaves, un petit réservoir d'air et deux rangées de tuyaux? Voici d'ailleurs un fait qui nous parait probant.

L'auteur hollandais Loténs, qui vivait vers la fin du xviiie siècle, rapporte que, vers 1680, un facteur occupé à la réfection de l'orgue de Saint-Nicolas d'Utrecht découvrit dans le buffet un positif daté de 1120, dont le clavier commençait par le *fa* grave au-dessous de la clef de *fa* et s'étendait jusqu'au *la* au-dessus des lignes de la clef de sol ; de Coussemaker a reproduit le passage dans le tome IV des *Annales archéologiques*. Devons-nous penser que la facture du xve siècle ait été plus arriérée que celle du xviie ? On peut citer, pour prouver le contraire, la tapisserie dite de la *Dame à la licorne*, du Musée de Cluny, antérieure au tableau de Raphaël, et qui présente un orgue absolument semblable à celui de sainte Cécile, mais avec ses rangées de tuyaux placés normalement ; et des fresques de *Danses des morts*, et quantité de miniatures donnant raison à l'ordre décroissant, qui est l'ordre naturel de l'harmonisation des instruments à clavier.

Que penser dès lors de l'orgue de sainte Cécile ? Tout simplement ceci : que le peintre a représenté cet accessoire sans l'avoir sous les yeux, ou bien qu'il a trouvé dans la disposition progressive des tuyaux un motif de pondération qui flattait le décor aux dépens de la vérité ; ce qui n'empêche pas les historiens musicaux les plus sérieux et les plus autorisés d'avoir pris texte de la peinture de Raphaël pour démontrer que, jusqu'au xvie siècle, les orgues allaient indifféremment de l'aigu au grave ou du grave à l'aigu. Or, il s'est trouvé que, dans les recherches qu'ils faisaient à cet effet, ils ont rencontré des exemples qui semblaient leur donner raison ; mais ces exemples étant tirés d'ouvrages accompagnés de planches sur bois, on peut leur appliquer la remarque suivante prise dans le livre du Père Mersenne, imprimé en 1648 sous le titre de : *Harmonicorum libri XII*. On y voit à la page 10 [1] le dessin d'un luth dont la chanterelle est à gauche et les cordes graves à droite, d'après un système identique à celui de Raphaël. Ce luth a été reproduit ainsi dans la plupart des ouvrages modernes écrits sur la lutherie du xviie et du xviiie siècle qui n'ont pas manqué de relever cette disposition singulière de l'échelle musicale. Seulement les copistes ont oublié de lire le texte latin qui accompagne la gravure ; ils auraient trouvé cet avertissement qui a son importance : *Primo notandum est citharam errore calcographi aliter quam par erat fuisse dispositam, ac si quis manû sinistrâ nervos liberos pulsaret*. C'est donc le dessinateur qui s'est trompé en représentant ce luth comme si on devait pincer les cordes avec la main gauche ; la phrase suivante ne laisse aucun doute à cet égard : *Cui vitio medebitur utcumque qui aversa papyro figuram intuebitur*.

Le moyen de remédier à l'erreur, c'est de regarder la figure en retournant le papier, précaution exigée par un grand nombre de reproductions gravées qui montrent des soldats avec l'épée à droite ou des musiciens qui jouent à l'envers du violon, de la musette ou de la guitare. Nous croyons donc que, pour les anciens livres à gravures, notamment celui de Sébastien Virdung, qui donne des dessins d'orgues dans le genre de celui de sainte Cécile, il sera bon de suivre l'indication de Mersenne et de regarder *aversa papyro*.

Puisque nous parlons du Père Mersenne, à qui tant de musicographes contemporains doivent leur science, signalons encore un exemple de la précipitation qu'on a mise à le piller. Ouvrez tous les traités d'instruments écrits dans ces dernières années, vous y trouverez le type de la viole du xviie siècle, empruntée à l'*Harmonie universelle ;* mais on oublie généralement de faire suivre le dessin de l'avis suivant qui éclaire la situation :
« Avant que de donner la figure de la viole dont on use maintenant, — c'est le savant religieux qui parle, — je donne la figure dont on se servait devant, laquelle n'avait que cinq cordes. » La susdite viole est donc du xvie siècle, et sa reproduction dans un ouvrage de 1637 n'a qu'un intérêt rétrospectif.

Il ne reste rien, absolument rien, touchant l'art de la lutherie antérieur au xvie siècle. Par conséquent il a bien fallu, pour écrire l'histoire des instruments au Moyen-Age, recourir aux représentations figurées dont il est difficile de contrôler l'exactitude ; mais, à

1. *Harmonicorum instrumentorum, lib, I.*

partir de la Renaissance, on a un certain nombre de pièces authentiques, suffisantes pour déterminer la forme et l'accord des principaux agents sonores aux xvie, xviie et xviiie siècles. Notre but, en recherchant les sujets de musique instrumentale représentés dans les tableaux du Musée du Louvre, n'est pas de fixer la forme des instruments d'après ces œuvres picturales; mais, au contraire, de confronter celles-ci avec les documents que nous possédons.

Nous fixerons, à l'occasion, l'attitude qui convenait aux joueurs de certains instruments, détail auquel nos amis les peintres ne songent guère quand ils essaient de représenter les violes, les épinettes, les monocordes, les flûtes à bec, les trompettes, les tambours, les timbales, les tambourins en usage aux époques qui ont précédé la nôtre.

Quant aux anachronismes, il serait délicat d'insister et de signaler par exemple ce sculpteur fort connu qui mit aux mains d'un chanteur florentin du xvie siècle une mandoline sortie des ateliers de Vinaccia vers 1770. A cela, on pourra me répondre que l'Apollon du *Parnasse* joue du violon. Dans ce temps-là, il est vrai, on n'affichait pas des prétentions exagérées à l'exactitude ; mais je me demande pourquoi les peintres et sculpteurs de nos jours, si pointilleux sur le choix de leurs accessoires, sont à ce point négligents lorsqu'ils touchent à la musique, et je ne m'explique pas qu'un instrument n'ait aucune importance pour des artistes qui soignent avec tant de minutie certains détails souvent insignifiants de costume ou d'ameublement.

En entrant dans la salle Lacaze, le premier portrait qui nous arrête est celui d'une femme à manteau bleu, au béret garni de plumes, jouant de la mandoline d'après le catalogue, mais qui, en réalité, tient un luth, de dessin et de couleur indécis. Un autre joueur de luth est représenté par le Hollandais Gérard Honthorts, dans la même salle et sous la même appellation erronée. Ici, du moins, on se rend compte de la forme de l'instrument et principalement de la disposition particulière de la chanterelle. Le luth a bien la caisse bombée comme la mandoline, mais elle est du double plus forte et la touche doit être assez large pour supporter de quinze à vingt-quatre cordes; de plus, le cheviller est renversé en arrière, formant avec le manche un angle à peu près

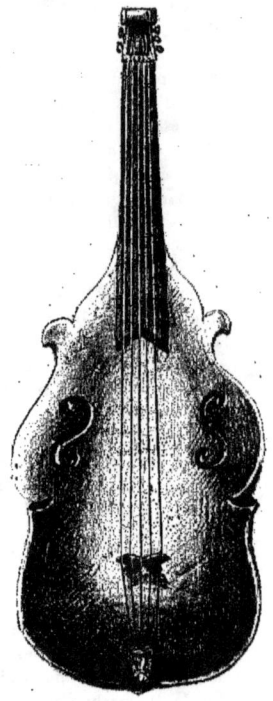

VIOLA DA BRACCIO.
(D'après Véronèse.)

droit. Cette courbure présente un double inconvénient : les cordes ne montent au ton que par saccades, et, en frottant durement sur le sillet, elles cassent à tout instant. Pour sauver, du moins, la chanterelle, qui par sa ténuité et sa tension était plus que les autres exposée à se rompre, on eut l'idée vers le commencement du xviie siècle de la monter à part sur une petite poulie ; de cette manière, le tirage était sensiblement atténué à l'endroit dangereux. Nous trouverons plus loin, dans un tableau de Mme Valayer-Coster, un luth où cette particularité peut être encore mieux étudiée.

Le luth avait de nombreux dérivés dont le principal était le théorbe ; ici, le manche est vertical et porte à son extrémité, en dehors des cordes ordinaires qui s'appuient à la touche, d'autres cordes du double plus longues pour l'exécution des basses. Le théorbe du xvııe siècle avait généralement huit ou dix de ces cordes supplémentaires; l'aspect en était un peu lourd comme on en peut juger par la composition de Rubens : l'*Éducation de Marie de Médicis*. C'est un théorbe qui est étendu à terre et dont la tête est dissimulée sous un buste antique. Mais au xvıııe siècle la tête s'allonge, le manche s'amincit et le nombre des cordes diminue jusqu'à douze au total, dont la moitié s'accrochent à vide au cheviller supérieur. Le modèle de cet instrument se voit sur un délicieux tableau de Watteau : *la Finette*, dans la salle Lacaze. Nous le retrouverons plus grand et admirablement détaillé dans la *Leçon de musique* de Lancret.

A l'arrière-plan de son *Assemblée dans un parc*, Watteau introduit un joueur de flûte, et Pater fait danser ses *Comédiens* aux sons d'une vielle et d'une guitare ; cette dernière revient encore deux fois dans la même galerie maniée par un paysan de Teniers, et par un élégant personnage de Fragonard [1]. Au mur d'en face, nous n'avons à signaler qu'une basse de viole posée par Oudry dans une de ces natures mortes où il excellait. C'est vraiment une basse de facture française, à sept cordes et d'un joli vernis jaune, sortant des ateliers de Guersan ou de Fleury; par malheur, le cadre coupe l'instrument au-dessus du cheviller et nous dérobe la tête qui ne pouvait manquer d'être habilement sculptée.

En pénétrant dans le salon carré, le *Concert* de Lionello Spada mérite d'être signalé. Deux personnages principaux le composent : un violoniste dont on remarquera l'archet cintré en dehors en forme d'arc, avec la tête très effilée, et un joueur de chitarone en train d'accorder son instrument. Le chitarone italien peut passer pour l'équivalent du théorbe, usité principalement en France ; mais le corps en est énorme et le manche démesurément long. Il n'eût pas été possible de jouer le chitarone debout; c'est pourquoi le musicien, d'ordinaire, plaçait le pied gauche sur un escabeau, la caisse de l'instrument reposant contre la cuisse et le coude gauche trouvant un point d'appui sur le genou. De plus, Spada a posé sur la table une guitare exactement montée de neuf cordes allant par paires, sauf pour la première.

Nous voici maintenant devant la vaste composition de Paul Véronèse : *les Noces de Cana*. Le centre en est occupé par un groupe d'instrumentistes : deux joueurs de ténor de viole, un autre de contrebasse de viole, un jeune garçon assis épaulant un soprano ou violetta équivalent au violon et, dans le fond, deux virtuoses tenant une trompette et un cornet à bouquin. Les deux grandes violes sont d'une forme éminemment gracieuse, aux bords découpés et bien montées en conformité d'un ouvrage contemporain du Véronèse [2].

On remarquera la manière dont est tenu l'archet et qui rappelle la posture de certains joueurs italiens de nos jours; nous y reviendrons tout à l'heure. A droite du tableau, un vieillard à longue barbe joue de la contrebasse de viole ou, pour parler plus exactement, du *violone* dont on distingue très bien la tête en forme de crosse et portant cinq chevilles; nous avons donc ici la représentation, à l'aide de types caractéristiques, d'un quatuor à cordes vers 1563. Quant au cornet à bouquin qui figure dans le fond, il est, selon l'usage, recouvert de cuir noir et de forme cintrée : c'est le *cornetto curvo* surtout employé en Italie, tandis qu'en Allemagne on préférait le *gerade Zink*, de forme droite.

A peu de distance des *Noces de Cana*, dans la grande galerie, le Florentin Paolo Zacchia il Vecchio a peint un musicien, à mi-corps, dont la viole repose sur un plan incliné; c'est, à peu de chose près, l'instrument du Véronèse : même vernis jaune clair, mêmes tables chantournées, monture identique, mais avec des ouïes plus larges, nous oserons dire un peu grossières, affectant la forme de deux gerfauts héraldiques.

Voici encore une viole, du genre des *bassa da gamba;* Domenico Zampieri l'a mise

---

1. L'instrument est indiqué vaguement. On dit que ce portrait, de l'aveu de Fragonard, a été peint en une heure.
2. GANASI DEL FONTAGO. *Regola Rubertina*... etc., in *Venetia* 1543. Voir, à ce propos, *les Instruments à archet* de Ant. Vidal. Tome Ier, page 48.

aux mains de sainte Cécile. L'instrument, dont tous les détails de facture apparaissent avec netteté, est remarquablement beau ; les tables et les éclisses ont été moulées suivant des arcs de cercle ; vernis brun sombre — le vernis de l'École de Brescia, de Gaspare da Salo, de Budiani et de ce Pellegrino Zanetto, dont un produit, à peu près semblable à l'instrument dessiné par le Dominiquin, figure dans notre Musée du Conservatoire (n° 105 du catalogue). — Le chevillier, pour sept cordes, se termine en une tête d'ange ; et, sous la touche, apparaît une de ces ouvertures en ovale, que les luthiers nomment « rosace borgne ». La sainte tient l'archet ainsi qu'il est recommandé dans le *Traité* de Jean Rousseau : « le doigt du milieu sur le crin, en dedans ; le premier doigt couché soutenant le bois, et le pouce estant droit et appuyé dessus vis-à-vis le premier doigt, la main estant éloignée de la hausse d'environ deux ou trois doigts »[1]. C'est de cette manière qu'il faut saisir l'archet pour tous les instruments qui ne se jouent pas à l'épaule. Vers la fin du XVIII° siècle seulement, on adopta pour le violoncelle la position actuellement en usage qui facilitait l'exécution des traits rapides peu employés sur la basse de viole.

Cinq autres glorifications de la patronne des musiciens existent au Louvre. Quatre d'entre elles la représentent devant un orgue portatif, positif ou régale. Elles sont signées de Memling dans le salon carré, de J. Cavedone et du Guerchin dans la grande galerie, de Jacques Stella dans la salle consacrée à l'École française du XVII° siècle ; enfin, Mignard l'a dotée d'une harpe de format réduit. On voit également, dans ce dernier tableau, une basse à volute massive, une flûte à bec, un hautbois à deux clés et un tambour de basque.

Le Dominiquin se recommande une seconde fois à notre attention par son roi David. La harpe dont joue le prophète est d'une époque antérieure à l'adaptation des pédales ; c'est celle dont on s'est servie jusqu'à la fin du règne de Louis XIV à peu près. Le modèle représenté ici possède trois rangées de cordes parallèles ; le rang du milieu est pour les feintes, dièzes ou bémols, les deux autres pour les sons diatoniques, chaque note pouvant se faire sur deux cordes différentes. De cette harpe triple, le Père Mersenne donne une explication dont tous les détails sont corroborés par la peinture de l'artiste bolonais.

VIOLA DA GAMBA.
(D'après le Dominiquin.)

L'*Éducation de la Reine*, qui nous a déjà occupé à propos du théorbe, offre le spécimen d'une très jolie basse de viole dont les éclisses sont décorées d'arabesques en filets d'ébène incrustés. Elle est montée de six cordes.

Tous les musiciens ont pu se rendre compte de l'impossibilité où nous nous trouvons

1. Jean Rousseau. *Traité de la viole*, 1687, page 32.

à rendre la plupart des traits confiés aux trompettes par les compositeurs du xvii° et du xviii° siècle. On cite une ouverture de Martini dont la partie à l'aigu pour cet instrument paraît inexécutable, même en admettant l'emploi de tubes assez courts pour donner les *sol, la, si, ut*, au-dessus des lignes. Rubens se charge d'en fournir l'explication dans son allégorie inspirée par la *Régence de Marie de Médicis*. On y voit en effet un clairon ou *clarino* en cuivre, long de soixante centimètres environ et percé de sept trous comme la flûte ou le hautbois; le tube est droit, avec le pavillon ordinaire de la trompette et muni de l'embouchure particulière à cet instrument. La difficulté d'exécution est singulièrement atténuée par ces trous qui permettent d'obtenir avec justesse la rapidité des traits indiqués dans les anciennes partitions. De tous les documents musicaux fournis par les tableaux du Musée, il en est peu d'aussi intéressants que celui-ci, pour l'histoire de l'instrumentation.

Je dois signaler à présent un autre sujet des plus curieux au point de vue spécial où nous nous sommes placé. Il s'agit d'une composition moitié allégorique, moitié historique de Jean van de Venne : *Fête donnée à l'occasion d'une trêve conclue en 1609 entre les Espagnols et les Hollandais*. Van de Venne fait occuper le premier plan de la scène par un groupe d'instrumentistes. Dans le fond, et tournant le dos au spectateur, un joueur de virginale, dont le couvercle, relevé, laisse voir la décoration intérieure; puis des gentilshommes, l'épée au côté, tenant l'orphéoreon à huit cordes doubles (le cheviller, le manche et le haut du corps sont seuls apparents), le violon, le violoncelle, la taille de flûte douce à huit trous, le luth à seize cordes, la harpe portative; un chanteur est placé tout contre la virginale. Sur le devant, un jeune garçon frappe l'échelette, sorte de xilophone que les Flamands affectionnaient au point de lui adjoindre quelquefois un clavier et qu'ils appelaient alors « régale de bois ». Au-dessus, apparaît le haut du corps d'un musicien soufflant dans une basse de hautbois à bocal de cuivre. Tous les détails sont minutieusement observés et rendus avec une exactitude irréprochable; on distingue toutes les chevilles et leur nombre est bien conforme à ce que décrivent les traités de musique du temps. C'est bien la restitution fidèle de ce qu'on nommait au xvii° siècle un « orchestre de fête ». Il n'y manque que les trompettes et les timbales; le peintre n'a pas voulu apparemment que les sonorités guerrières vinssent troubler le caractère officiellement pacifique de la solennité.

Nous restons dans l'art hollandais avec une *Leçon de musique*, où Metzu montre une dame assise devant une épinette carrée, montée sur des pieds, ce qui s'écarte de la tradition, et une *Chambre de rhétorique*, dont un personnage tient le petit luth au manche renversé, effilé et chargé de chevilles, la véritable mandoline, antérieure à celle dont nous nous servons depuis un siècle et demi environ.

Un autre Hollandais, Jan Steen, nous fait assister à une bruyante assemblée de buveurs. L'orchestre est composé d'un violon et d'une énorme cornemuse embouchée par une vigoureuse commère. A droite, un homme en habit gris, vu de dos, porte au col une trompette attachée par un long cordon rouge et or. Le modèle est bien celui de la trompette militaire en usage depuis le xvi° siècle jusqu'à la Révolution française; le tube forme un seul tour, avec une boule de cuivre soudée vers le milieu de l'appareil en vue de le consolider et non pour indiquer l'endroit où doit se poser la main, comme on le croit généralement; le tour du pavillon est cerclé d'argent ou de rosette, et c'est là, parmi les hachures et les fleurettes gravées, que le facteur inscrit son nom, son lieu d'origine et l'époque où il a travaillé. Mais, où le document devient instructif, c'est qu'il indique avec précision la manière dont le cordon s'attachait aux branches de la trompette, et comment s'arrangeaient les glands en passant par les deux anneaux des potences. A son tour, Netscher peint dans la *Leçon de chant* un luth théorbé dans le genre de celui de Terburg, et le *Jeu de la basse de viole* nous fait voir, à côté, une femme touchant un joli instrument dont la tête est ornée de flots de rubans.

Le *Bal à la cour de Henri III* (école française du XVIᵉ siècle) est animé par plusieurs luthistes assis sur des escabeaux. Mais les luths, dessinés à la diable, ne peuvent nous fournir aucune indication précise. Voici, de Panini, un *Concert donné à Rome, le 26 novembre 1729, à l'occasion de la naissance du Dauphin, fils de Louis XV*, qui fixe la disposition d'un orchestre en Italie pour ces sortes de solennités. Les exécutants occupent sur la scène les gradins d'une estrade dont une toile peinte et découpée, simulant des nuages, dissimule la charpente. Tout en haut, les instruments à vent : trompettes, cors, flûtes droites et traversières. Au-dessous, trois rangées de violons et violes avec le violoniste principal debout au centre, et, sur les côtés, les bassons et les hautbois. Enfin, en première ligne, les quatre chanteurs solistes, flanqués de deux paires de timbales, et un maestro di capella dont le clavecin est aux trois quarts perdu dans la décoration. Les chœurs occupent deux tribunes, à droite et à gauche des violons.

En nous engageant dans la salle IX, nous regardons l'*Orphée* de François Périer (1590-1656), faisant sonner une viole à quatre cordes, bien que la tête, en forme de trifolium, compte six chevilles. Cette négligence est encore plus accentuée, à quelques pas de là, dans quatre panneaux de Lesueur représentant les *Muses*. On y trouve une harpe fantaisiste grossièrement organisée, une trompette antique et un flaios primitif, ainsi qu'un triangle dont un des anneaux est resté en l'air par un prodige d'équilibre inexplicable. Seule, la basse de viole d'Érato est copiée avec soin, mais comme l'archet est mal tenu ! Peu de chose à retenir de la salle dite des sept mètres, assez pauvre en ces sujets primitifs de musique religieuse, qui abondent dans les Musées d'Italie, d'Allemagne et de Belgique. Seul, le *Couronnement de la Vierge*, par l'Angelico, montre les longues trompettes droites, deux rebecs et une guiterne à fond côtelé comme celui du luth, mais dont la table s'amaincit graduellement pour former la touche. Quant à la viole et la lyre, introduites par Lorenzo Costa à la Cour d'Isabelle d'Este, il convient de les ranger dans la catégorie des objets de fantaisie.

Pénétrons maintenant dans la galerie de l'École française du XVIIIᵉ siècle. Nous y trouvons d'abord le clavecin de Fragonard, à vernis rouge, bordé d'un large filet d'or, d'un modèle courant ; et sur le tabouret, tout contre, une mandore à manche large et plat à la tête en crosse, portant douze clés. Vis-à-vis, nous retrouvons l'élégant théorbe de Lancret, monté de ses douze cordes réparties sur deux manches et décoré, au centre de la table, d'une fine rosace découpée, « une cathédrale » comme on disait alors. Chardin nous fait admirer ses *Attributs de musique* : une belle musette en ivoire avec housse de velours rouge bordée de point

LUTH THÉORBÉ.
(D'après Ter Borch, dit Terburg.)

d'Espagne d'or, une trompette munie de son fanion en soie bleue et jaune, un cor, une mandoline, un violon et une flûte traversière en buis, à une clé d'argent. Non loin de là, Delaporte reproduit encore une musette de velours violet toute brodée d'or avec franges assorties, découvrant à demi les boîtes d'ivoire des chalumeaux. A son tour, Mme Valayer-Coster présente l'instrument champêtre en robe de velours rouge richement garnie. Elle y joint un luth enrubanné, la poulie en saillie sur le cheviller, et, particularité curieuse, un petit morceau d'ébène fixé à la table pour retenir le petit doigt et permettre à la main droite de s'arrondir selon les règles. D'autres pièces de lutherie complètent le tableau : un hautbois en ébène, un pardessus de viole à tête sculptée avec les cinq divisions du manche formées par des cordes, et une trompe de chasse.

Puisque nous parlons de la musette, il est peut-être opportun d'indiquer la manière dont on en jouait. Il fallait d'abord assurer autour du corps la ceinture pour maintenir le soufflet à sa place, contre la hanche droite ; on passait aussitôt l'avant-bras droit dans les bracelets du soufflet, la manche de l'habit étant préalablement retroussée — tous les traités anciens du jeu de la musette le recommandent expressément. Le porte-vent, une fois assujetti, on mettait le sac sous le bras gauche, en tenant les chalumeaux droits devant le corps, les doigts prêts à ouvrir les trous.

Ces prescriptions nous remettent en mémoire certain tableau exposé récemment sous une signature connue et recherchée des amateurs. Il représentait un berger galant jouant de la musette. Seulement... on avait oublié de peindre le soufflet ; ce qui n'empêchait pas le sac d'être copieusement gonflé, sans doute par un de ces miracles dont les peintres négligents ou distraits savent bénéficier.

Dans la galerie qui suit le salon Daru, Jean-Baptiste Hilaire a peint une femme jouant d'une guitare dont la tête compte dix chevilles, bien que cinq cordes seulement apparaissent sur la table. Nous savons, en effet, que vers la fin du XVIIIe siècle on dédoubla les cordes de l'instrument tout en respectant l'arrangement primitif.

Un portrait authentique de Madame Clotilde de France, reine de Sardaigne, au Musée de Versailles, nous fournit une indication identique. C'est un acheminement à la monture actuelle de la guitare par six cordes, dont la première apparition eut lieu en 1801, une date à retenir, puisque toutes les guitares antérieures étaient garnies de cinq cordes, simples ou doubles, mais jamais de six.

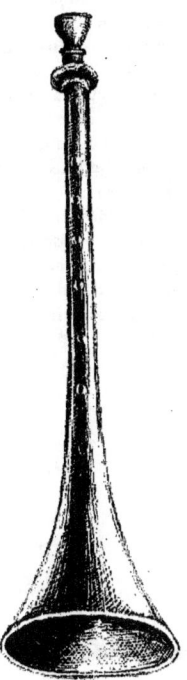

CLARINO.
(D'après Rubens.)

Voici, d'Olivier, le *Thé chez le prince de Conti*. Le jeune Mozart, assis devant un clavecin, a eu bien soin de faire enlever le couvercle, précaution indispensable quand l'instrument n'était pas appuyé contre le mur et qu'on en voulait tirer le maximum de sonorité.

Avec François Puget, nous faisons la connaissance de quelques musiciens de la chambre de Louis XIV. La guitare est sur la table ; dans le coin opposé, la basse de viole à volute enroulée, d'un clair vernis rouge ; un des artistes met son violoncelle d'accord, prenant le ton d'un théorbiste à figure imposante, à perruque majestueuse, bien fait pour l'honneur d'appartenir au Roi-Soleil. L'instrument est digne du musicien : énorme, massif, superbe, avec douze cordes passant sur le sillet. Malheureusement, le manche s'arrête au-dessus des premières chevilles et nous dérobe la tête de cette pièce de lutherie qui, sans aucun doute, valait le reste du corps.

Notre inventaire touche à sa fin. Nous le terminons devant une toile de Jean de Boullongnes, dit *le Valentin*, bien enfumée, mais où il est encore possible de reconnaître certains détails intéressants. Dans le fond, un violoniste; puis une femme posant les doigts sur une petite épinette, de celles à qui les Italiens faisaient faire une partie dans les sérénades. Au premier plan, un homme souffle dans un cornet à bouquin à pans de bois, recouvert de cuir noir; à gauche, on distingue la partie inférieure du manche d'un archiluth. Enfin, c'est une grande viole de gambe, un *violone* à cinq cordes, avec des ouïes semblables à celles d'un violoncelle; une rosace décore la table au-dessous de la touche.

Telles sont les indications que nous fournissent, par rapport aux instruments de musique, les tableaux du Musée du Louvre appartenant aux diverses écoles, du milieu du xve siècle à la fin du xviiie. Nous avons négligé quelques reproductions de pièces de lutherie avec lesquelles tout le monde est familiarisé. Il est nécessaire cependant de faire remarquer que la *Revue sous le premier Empire*, de Bellangé, n'offre aucune fidélité, pas plus dans le groupement réglementaire des musiciens que dans le détail des instruments. Elle a d'ailleurs été peinte vers 1850; c'est une œuvre de pure fantaisie.

On peut dire que de tout temps il y eut échange de bons procédés entre les peintres et les luthiers. Si les premiers prêtèrent aux seconds l'éclat et la variété de leurs vernis, les facteurs d'instruments s'acquittèrent en fournissant aux peintres des accessoires harmonieux dont les formes gracieuses et l'effet décoratif n'étaient pas à dédaigner.

Nous croyons avoir démontré que, à part quelques exceptions, les peintres ont su en profiter.

POSITION DE L'ARCHET POUR LA BASSE DE VIOLE.
(D'après le Dominiquin.)

TABLE

	Pages.
Le Songe d'un collectionneur.	5
(Dessin de Georges Fuller.)	
Les Collections d'instruments de musique aux xvie, xviie et xviiie siècles.	15
(Dessins de S. Hugard.)	
Les Pochettes de maîtres de Danse.	27
(Dessins de G. Fuller.)	
La Harpe de Marie-Antoinette.	35
(Dessin de G. Fuller.)	
Les Instruments de musique champêtres au xviie et au xviiie siècle.	39
(Dessins de G. Fuller.)	
L'Iconographie instrumentale au Musée du Louvre.	53
(Dessins de G. Fuller.)	

www.ingramcontent.com/pod-product-compliance
Lightning Source LLC
LaVergne TN
LVHW022123080426
835511LV00007B/995